Como entender
o mercado de carbono

Naiara Bertão
Yuri Rugai Marinho

Como entender o mercado de carbono

Um guia prático

Copyright © 2025 Editora Manole Ltda., por meio de contrato com os autores.

PRODUÇÃO EDITORIAL: Sônia Midori Fujiyoshi
DIAGRAMAÇÃO: R G Passo
CAPA E ILUSTRAÇÕES: Felipe Martins
PROJETO GRÁFICO: Departamento Editorial da Editora Manole

**CIP-BRASIL. CATALOGAÇÃO NA PUBLICAÇÃO
SINDICATO NACIONAL DOS EDITORES DE LIVROS, RJ**

B457c

   Bertão, Naiara
     Como entender o mercado de carbono: um guia prático / Naiara Bertão, Yuri Rugai Marinho. – 1. ed. – Barueri [SP]: Manole, 2025.

     Inclui bibliografia e índice
     ISBN 9788520467527

     1. Mercado de emissão de carbono. 2. Mudanças climáticas.
   3. Créditos de carbono. I. Marinho, Yuri Rugai. II. Título.

25-96604   CDU: 363.7
                                                         CDU: 504.7

Gabriela Faray Ferreira Lopes - Bibliotecária - CRB-7/6643

Todos os direitos reservados.
Nenhuma parte deste livro poderá ser reproduzida, por qualquer
processo, sem a permissão expressa dos editores.
É proibida a reprodução por xerox.

A Editora Manole é filiada à ABDR – Associação Brasileira de Direitos Reprográficos.

Edição – 2025
Data de fechamento desta edição: 11.03.2025

Editora Manole Ltda.
Alameda Rio Negro, 967 – cj. 717 – Alphaville
06454-000 – Barueri – SP – Brasil
Fone: (11) 4196-6000
www.manole.com.br | https://atendimento.manole.com.br/

Impresso no Brasil
Printed in Brazil

Sobre os autores

Naiara Bertão

Jornalista especializada em Economia, Finanças, Negócios e Sustentabilidade com mais de 14 anos de experiência na área. Passou por grandes veículos da imprensa brasileira, como *Exame*, *Veja*, *Brasil Econômico*, *Infomoney*, *Valor Investe*, *Valor Econômico* e o portal de notícias sobre clima e sustentabilidade *Um Só Planeta*. É LinkedIn Top Voice, LinkedIn Creator e apresenta o *podcast* Pod Isso, Meninas? na Rádio CBN.

Formada em Jornalismo pela Universidade de São Paulo (USP) e pós-graduada em Economia, Setor Financeiro e de Investimentos pela FIPE-USP, com cursos em diversas temáticas, como Ciência Comportamental, Investimentos, ESG, Diversidade e Inclusão, entre outros. É mestranda da Faculdade de Administração de Empresas (FEA) da USP na área de Gestão de *Stakeholders*.

Yuri Rugai Marinho

Sócio Diretor na ECCON Soluções Ambientais, com mais de 20 anos de experiência em questões ambientais e climáticas. Graduado e Mestre em Direito Ambiental pela Faculdade de Direito do Largo de São Francisco da Universidade de São Paulo. Consultor da Waterloo Global Science Initiative (Canadá) e *Fellow* do *Kinship Conservation Fellowship Program* (Estados Unidos). Professor e palestrante em instituições brasileiras e estrangeiras.

Dedico esta obra, com muito carinho,
a todas as pessoas que conservam a
natureza, atividade que organiza a alma
e garante a sobrevivência humana,
mas (ainda) não traz receita justa.

Yuri Rugai Marinho

Dedico esta obra aos jornalistas
de Sustentabilidade e Clima, que fazem
um trabalho hercúleo de educação,
conscientização e verificação de assuntos
tão relevantes, porém árduos e ainda com
reconhecimento aquém do que merecem.
Continuem firmes porque vocês estão –
e vão continuar – contribuindo para
a mudança de que o mundo precisa.

Naiara Bertão

Agradecimentos

A ideia deste livro nasceu em 2023 enquanto eu caminhava com a Sara, minha esposa, em Panorama, uma cidade do Estado de São Paulo à beira do rio Paraná, quando havia o registro do verão mais quente da região. Segundo divulgou a Organização Meteorológica Mundial, 2023 havia sido o ano mais quente já registrado no Brasil, com temperatura média 0,69 °C acima da média histórica. O ano seguinte, de 2024, registrou novo recorde, 0,79 °C acima da média. Meu primeiro agradecimento vai à Sara, portanto, não apenas pelo companheirismo e amor nesses 11 anos de convívio, mas também por topar caminhadas debaixo de um sol de 36 °C em épocas de recordes de aquecimento.

No dia anterior, nós tínhamos viajado de carro com as crianças ouvindo a votação do então Projeto de Lei n. 2.148/2015, que tramitava na Câmara dos Deputados, em Brasília. Esse projeto foi convertido na Lei n. 15.042, de 11 de dezembro de 2024, que criou o mercado regulado de carbono no Brasil. Nossos filhos Guilherme (6 anos) e Joana (2 anos) talvez não tenham gostado, mas acompanharam por cerca de quatro horas as discussões dos deputados sobre mudanças climáticas, economia brasileira, economia internacional, democracia e tantos outros tópicos. Obrigado, meus filhos, por entenderem que a vida é feita de muito amor e brincadeiras, mas também de discussões legislativas. Aquela foi a última sessão de trabalho do Congresso, no dia 21 de dezembro de 2023.

Enquanto eu caminhava e discutia o projeto do livro com a Sara, tive a ideia de convidar a jornalista Naiara Bertão para escrever comigo. Naiara é um dos principais nomes do jornalismo e escreveu artigos para o *Valor Econômico* que, certamente, apontaram rumos de muitas empresas, governos e especialistas.

Naiara e eu estávamos de férias, cada um em um lugar do Brasil, tentando nos recuperar do intenso ano de 2023. O segundo semestre costuma ser particularmente mais intenso na agenda climática, começando em setembro com a Climate Week NYC, evento na cidade norte-americana de Nova York, e terminando com a reunião anual dos países signatários da Convenção do Clima (*Conference of the Parties* – COP), em algum país do mundo, nos meses de novembro e dezembro. Em 2023, eu havia participado desses dois eventos, em Nova York e em Dubai (Emirados Árabes Unidos), respectivamente, o que exigiu muitas semanas de planejamento e trabalho duro.

Voltando ao tema da minha caminhada no calor de Panorama, preciso destacar que, enquanto eu fazia exercício, meu pai Ivan Marinho e minha mãe Flavia Salaroli estavam cuidando das crianças e preparando alguma refeição. Então, meu agradecimento profundo a eles e minha gratidão por ter pai e mãe presentes na minha vida. Foram eles que me ensinaram a valorizar os estudos e o trabalho.

Para preparar este livro, comecei o ano de 2024 revisando minha dissertação de mestrado, que havia sido aprovada na Faculdade de Direito da Universidade de São Paulo (USP) em 2014. Enquanto cursei o mestrado, de 2012 a 2014, pesquisei a legislação do Brasil, da Costa Rica, dos Estados Unidos e da União Europeia, além de tratados internacionais sobre mudança do clima e biodiversidade, com a intenção de analisar experiências envolvendo sanções e estímulos relacionados à proteção do meio ambiente. A dissertação pode ser encontrada na biblioteca digital da USP.[1]

Parte da pesquisa do mestrado e do texto da dissertação foi adaptada e trazida para este livro. Nesse sentido, registro meu agradecimento à minha orientadora do mestrado, Professora Dra. Patrícia Faga Iglecias Lemos, por ter auxiliado, de modo generoso e presente, a transformar minhas ideias em texto.

---

1   MARINHO, Yuri Rugai. *Incentivos positivos para a proteção do meio ambiente*, 2014. Disponível em: https://www.teses.usp.br/teses/disponiveis/2/2131/tde-24032017-120036/pt-br.php. Acesso em: 3 fev. 2025.

Agradeço também à Professora Dra. Ana Maria de Oliveira Nusdeo, do Departamento de Direito Econômico, Financeiro e Tributário da Faculdade de Direito da USP, e ao Professor Dr. Marcelo Gomes Sodré, da Faculdade de Direito da Pontifícia Universidade Católica de São Paulo (PUCSP), por suas lições e orientações durante a qualificação e defesa do meu mestrado. Suas orientações estão refletidas neste livro.

Este livro também traz dados e aprendizados obtidos quando participei de pesquisa do Instituto "O Direito por um Planeta Verde", no âmbito de um convênio com o Ministério da Justiça, que resultou na edição da obra *Sistemas Estaduais de Pagamentos por Serviços Ambientais*: diagnóstico, lições aprendidas e desafios para a futura legislação.[2]

Nesse sentido, agradeço a ótima oportunidade e parceria que tive com Carolina Castelo Branco, Guillermo Tejeiro, Paula Lavratti, Marcia Stanton e Paulo Rama.

O aprendizado e a atuação com o tema PSA foi uma importante escola para me aprofundar em questões climáticas e de serviços ambientais. Aliás, permitiu minha atuação nos debates ocorridos em Brasília, no Congresso Nacional, quando era discutido o Projeto de Lei n. 5.028/2019, posteriormente convertido na Lei n. 14.119/2021. Parte da estrutura dessa lei é resultado de um trabalho conjunto apresentado ao Senador Fabiano Contarato por uma força-tarefa da Coalizão Brasil Clima, Florestas e Agricultura. Tenho imenso orgulho de ter composto essa força-tarefa. Aproveito para agradecer e reconhecer o trabalho de Érika Pinto, então pesquisadora do Instituto de Pesquisa Ambiental da Amazônia (IPAM), e de Laura Lamonica, então gerente executiva da Coalizão.

Minha contribuição a este livro é, essencialmente, resultado da minha experiência de pesquisa e trabalho em consultoria ambiental. De 2004 a 2014, trabalhei em escritórios de advocacia em São Paulo, e em 2014 fiz um dos movimentos mais significativos da minha vida profissional: fundei a ECCON Soluções Ambientais, uma empresa de consultoria ambiental, descarbonização e desenvolvimento de projetos de carbono. A empresa atraiu e formou profissionais e parceiros de imenso talento, a quem agradeço por todo o trabalho nesses anos.

Foi graças a essa equipe que desenvolvemos importantes projetos de carbono para o Brasil que permitiram a conservação de centenas de mi-

---

2 Disponível em: http://www.planetaverde.org/arquivos/biblioteca/arquivo_20140803211247_8261.pdf.

lhares de hectares, além de impactarem positivamente a vida de muitas pessoas. Agradeço à equipe ECCON que trabalhou em nossos projetos de carbono e que tanto colaborou no nosso processo de aprendizado e aquisição de experiência.

Um agradecimento, também, aos profissionais que fizeram parte da nossa equipe no passado ou foram nossos parceiros em projetos de carbono, pesquisa ou outros projetos que, de alguma forma, tocaram em questões climáticas.

Agradeço a Daniela Stump, amiga de longa data, pelo companheirismo e pelos ensinamentos. Começamos nossa parceria nas arcadas da Faculdade de Direito da USP em 2004, e, desde então, atuamos conjuntamente na advocacia e no empreendedorismo. Em 2023 organizamos o primeiro curso prático do Brasil sobre projetos de carbono florestal.

Agradeço a David Canassa e sua equipe da Reservas Votorantim. Nossa parceria e nosso pioneirismo permitiram desenvolver projetos de carbono em biomas até então não atendidos, como o Cerrado, o Pantanal e a Mata Atlântica. Graças a essa parceria, pude conhecer o Legado das Águas, o Legado Verdes do Cerrado e a Fazenda Bodoquena, locais de uso múltiplo da terra, onde a conservação virou negócio. Essas áreas são *cases* reconhecidos internacionalmente. Sou muito grato ao David Canassa pela parceria e pelo aprendizado em nossos inúmeros contatos e eventos que já ocorreram em Baku, Dubai, Montreal, Nova York e São Paulo.

Também quero agradecer às profissionais da Embrapa que pude conhecer ao longo dos últimos anos, com quem discutimos aspectos técnicos e científicos de pagamento por serviços ambientais, especialmente em nome de Elaine Cristina Cardoso Fidalgo, Fábia de Mello Pereira, Joyce Maria Guimarães Monteiro, Maria Regina Capdeville Laforet, Marcia Divina, Paula Cristina Silva Bastos, Petula Ponciano Nascimento e Rachel Bardy Prado. As discussões com a Embrapa desde 2021 permitiram o aperfeiçoamento da metodologia do PSA Carbonflor, que, ao longo dos anos, foi ganhando novos apoios.

Nessa mesma linha, agradeço à equipe do Kinship Conservation Fellows Program, em nome de Nigel Asquith, Gladys Banfor e Angel Gibson. O aprendizado sobre conservação e instrumentos econômicos em Bellingham, nos Estados Unidos, nos anos de 2021 e 2022, permitiu que eu aprofundasse minha experiência com a ECCON Data e com serviços ambientais.

Agradeço ao meu amigo Arcanjo Gonzalez por todos os ensinamentos e pela paciência em me apoiar no universo do empreendedorismo. Parte desta obra é resultado do seu esforço.

E, para fechar, agradeço aos meus filhos, Guilherme e Joana, por seu amor. Cada beijo e cada abraço que ganhei de vocês significou para mim muito mais do que vocês um dia vão imaginar.

Yuri Rugai Marinho

Sumário

Sobre os autores V
Agradecimentos IX
Nota dos autores sobre a obra XIX
Considerações XXI
Apresentação XXIII
Siglas e abreviaturas XXV
Introdução XXIX

CAPÍTULO 1 POR QUE FALAMOS DE CARBONO? 1
Mudanças climáticas e emissões de gases de efeito estufa 3
Mudanças climáticas e as verdades inconvenientes 5
Histórico da Convenção do Clima e o mercado de carbono como
solução de compensação de emissões 16
    Convenção-Quadro das Nações Unidas sobre a Mudança
    do Clima 18
    Protocolo de Quioto 19
    Acordo de Paris 22
    Inventário de carbono 26

CAPÍTULO 2 COMO FUNCIONA O MERCADO DE CARBONO 31
Mercado voluntário 33
Mercado regulado 35
Projetos de carbono 38
Projetos de carbono desenvolvidos pela ECCON 40

REDD Carbonflor 43

REDD Pantanal 45

Pagamento por Serviços Ambientais 46

Projetos de PSA desenvolvidos pela ECCON 49

Outros projetos relevantes de carbono 51

re.green 52

Auren 53

Reservas Votorantim 55

Citrosuco 57

CAPÍTULO 3   AS LEIS E AS MUDANÇAS CLIMÁTICAS............59

A norma jurídica: sanções e incentivos 60

O regime de sanções negativas 65

O regime de incentivos 67

Redução do encargo tributário 70

Redução dos procedimentos burocráticos de regularização da propriedade 72

Concessão de facilidades na obtenção de empréstimos financeiros 73

Fornecimento de serviços públicos 74

Disponibilização de tecnologia 75

Criação de lista ou de *ranking* das pessoas com boas práticas ambientais 76

Criação de instrumentos de mercado 77

A evolução do Direito Ambiental no Brasil e a sua finalidade 78

O Direito Internacional Ambiental e a experiência dos países na concessão de incentivos 88

Experiência da Costa Rica 90

Experiência dos Estados Unidos 91

Experiência com o sistema da melhor tecnologia disponível (*best available control technology system* ou BAT) 92

Experiência com incentivos econômicos 94

Experiência com a imputação de encargos 97

Experiência com subsídios 98

Experiência da União Europeia 99

CAPÍTULO 4   O MERCADO REGULADO DE CARBONO NO BRASIL...........103

Modelo escolhido 108

Tipos de ativos previstos na lei 109

Quem são os compradores e os vendedores 111
O que é o SBCE 112
Como vai funcionar o mercado de carbono no país 113
Interoperabilidade entre mercado voluntário e mercado regulado 115

CAPÍTULO 5   O MERCADO DE CARBONO RESOLVE O PROBLEMA?...........118
Em ascensão 122
Transparência e reputação 124
Orquestra 128

Glossário 129
Referências.. 136
Índice remissivo 151

Nota dos autores sobre a obra

Para criarmos uma obra que pudesse servir de guia prático para entender o mercado de carbono, exploramos os nossos conhecimentos jornalístico e jurídico e nossas habilidades de comunicação. Procuramos os principais especialistas e formadores de opinião no tema e conduzimos entrevistas focadas nos aspectos técnicos, econômicos, jurídicos, políticos, sociais e metodológicos de mudança de clima e mercado de carbono.

Buscamos reportar dados e opiniões compartilhados em eventos nacionais e internacionais em que participamos no Azerbaijão, Brasil, Canadá, Egito, Emirados Árabes Unidos, Espanha, Estados Unidos e México. Também refletimos as discussões que tivemos nos corredores do Congresso Nacional, em Brasília.

Naiara Bertão usou como fonte suas entrevistas, seus trabalhos e suas matérias publicadas no *Valor Econômico*, o mais importante veículo de economia, finanças e negócios do Brasil.

Yuri Rugai Marinho trouxe dados e pesquisas de sua dissertação de mestrado aprovada na Faculdade de Direito da Universidade de São Paulo (USP) em 2014.

Considerações

Na faculdade de Jornalismo, as linhas mais desejadas são sempre Esportes e Cultura. Alguns poucos ainda querem mesmo Política. Jornalismo econômico dificilmente entra na lista de desejos no primeiro ano, mas acaba sendo um caminho de prestígio e mais fácil de encontrar vagas. Calouros interessados em jornalismo científico, ambiental, é mais raro ainda. Este era meu desejo quando entrei, em 2006, na Escola de Comunicações e Artes da Universidade de São Paulo (ECA-USP), com recém-completos 18 anos. Sempre gostei de estudar – me encanta conhecer algo novo, ter *insights* de conexão entre assuntos e, claro, saber falar sobre diversos assuntos. O Jornalismo científico/ambiental me daria uma vasta oportunidade de aprender curiosidades, entrevistar pessoas inteligentes, respirar inovação e futurismo. Contudo, com dificuldade em encontrar oportunidades do tipo no mercado de trabalho, acabei entrando no Jornalismo Econômico, que também me traria desafios e aprendizados.

Dezesseis anos depois, em janeiro de 2022, já com uma carreira relativamente sólida em Economia e tendo coberto um pouco de tudo – Finanças, Negócios, Investimentos, Empreendedorismo, Mercado de Capitais etc. –, eu fui convidada para ser editora de um novo projeto que surgia no *Valor Econômico*, o Prática ESG. Confesso, foi um daqueles momentos na vida que você percebe que o mundo gira e gira, mas ele pode voltar para algum ponto que você tanto quis. Estava eu mergulhando nos temas de sustentabilidade, que envolvem muita ciência. Já são mais de três anos intensos de coberturas de Sustentabilidade Ambiental, Pautas Sociais e Governança Corporativa (o tal do ESG). Para o *Valor*, mas também para um segundo projeto que tive o prazer de também me tornar editora, o Um Só Planeta. Percebi, ao longo destes últimos anos o quanto as pautas ESG precisam ser incorporadas na cobertura jornalística de economia, política, cultura, esportiva etc. É uma camada adicional que veio para ficar e precisamos nos atualizar, saber questionar, saber averiguar, combater os *"wasghings"* (*greenwashing*, *socialwashing*, *purplewashing*, e por aí vai...).

Quando recebi o convite para coescrever este livro com o Yuri, fiquei feliz em poder contribuir, pelo menos um pouquinho, com a compreensão e o entendimento coletivo das mudanças que precisamos fazer. Ninguém faz nada que não entende. É esse o papel dos jornalistas, e é isso que nós estamos tentando trazer com esta obra.

Algo que fica cada dia mais claro para mim é que a pauta da Sustentabilidade avança quando há perdas e/ou ganhos claros. Cada vez mais precisamos mostrar que são práticas possíveis e fazem sentido financeiro para empresas, governos e sociedade. ESG/Sustentabilidade vão muito além de ajudar a salvar a Humanidade das mudanças que nós mesmos estamos causando no planeta. ESG tem a ver com mudar o jeito de olhar para a operação, para as vendas, para a política de contratações, para o relacionamento com os fornecedores, a escuta ativa da sociedade e do entorno e, claro, de novas leis!

Esta obra busca ampliar a compreensão de um tema complexo, porém inevitável, que é a urgência climática. Mas tenho que dizer, ela só foi possível porque muita gente nos ajudou a construí-la. Todos os que, ao longo de todos esses anos, defenderam a temática, traduziram os conceitos, argumentaram sua lógica em discussões muitas vezes calorosas e se dispuseram, incansavelmente, em trazer o tema em aulas, palestras, consultorias, livros e redes sociais. Nós, jornalistas, somos intermediários de mensagens. E sem quem as escreve, não teríamos o que entregar. Por isso, quero agradecer de coração todos os que se dispuseram a conversar comigo e com o Yuri para que este livro fosse útil e didático, e aos tantos outros profissionais que consolidaram esse caminho ao longo dos últimos anos. Sem vocês, inclusive, não estaria realizando velhos sonhos. E não poderia deixar de agradecer ao Yuri, que, mais do que uma fonte para minhas reportagens, tem sido um amigo e parceiro, entendendo todas as minhas "correrias" e quem admiro muito pelo equilíbrio entre a paixão pelo tema da sustentabilidade ambiental e o profissionalismo ao criar projetos consistentes e inovadores na área de carbono.

Obrigada!

Naiara Bertão

Apresentação

Este livro foi escrito por uma jornalista e um advogado. Existe uma boa chance de ele estar bem escrito, pois a redação é a principal ferramenta de trabalho dos jornalistas e dos advogados. É provável, também, que os autores tenham feito uma boa pesquisa para escrever esta obra, pois a pesquisa é uma rotina no trabalho de profissionais do jornalismo e da advocacia.

Se você tiver uma boa experiência na leitura, compartilhe isso com os autores e com os seus contatos. Quanto mais pessoas tiverem acesso e educação em questões climáticas, mais chances a humanidade terá de sobreviver e ter alguma qualidade de vida. Mas, se você não tiver uma boa experiência na leitura, guarde suas críticas em segredo, pois lembre-se: a coautora é jornalista e o coautor é advogado.

Parte do conteúdo do livro foi inspirado na dissertação de mestrado de Yuri Rugai Marinho, que abordou a legislação do Brasil, da Costa Rica, dos Estados Unidos e da União Europeia, além de tratados internacionais sobre mudança do clima e biodiversidade, com a intenção de analisar experiências envolvendo sanções e estímulos relacionados à proteção do meio ambiente. A dissertação pode ser encontrada na biblioteca digital da USP.[1]

---

[1] MARINHO, Yuri Rugai. *Incentivos positivos para a proteção do meio ambiente*. Dissertação (Mestrado) – Faculdade de Direito, Universidade de São Paulo, São Paulo, 2014. Disponível em: https://www.teses.usp.br/teses/disponiveis/2/2131/tde-24032017-120036/pt-br.php. Acesso em: 31 jan. 2025.

Os trechos em que abordamos aspectos mais práticos de projetos de carbono e do mercado de carbono foram redigidos com base na experiência de jornalista de Naiara Bertão no *Valor Econômico* e na experiência de Yuri Rugai Marinho na ECCON Soluções Ambientais.

Para apresentarmos um conteúdo mais diverso, conduzimos entrevistas com renomados especialistas brasileiros e refletimos sua opinião ao longo dos capítulos.

Esperamos que este livro possa servir como um guia prático para você entender o mercado de carbono.

Naiara Bertão
Yuri Rugai Marinho

Siglas e abreviaturas

ACX   AirCarbon Exchange
AFOLU   *Agriculture, Forestry, and Other Land Uses*
ALM   *Agricultural Land Management*
ANP   Agência Nacional de Petróleo, Gás Natural e Biocombustíveis
APA   Área de Proteção Ambiental
APD   *Avoided Planned Deforestation*
APP   Área de Preservação Permanente
AR6   Grupo de Trabalho II do IPCC
ARR   *Afforestation, Reforestation, and Revegetation*
ART   Architecture for REDD+ Transactions
AUDD   *Avoided Unplannned Deforestation*
B3   Brasil, Bolsa, Balcão (Bolsa de Valores do Brasil)
BAT   *Best Available Technology*
BNDES   Banco Nacional de Desenvolvimento Econômico e Social
BR VMC   Iniciativa Brasileira para o Mercado Voluntário de Carbono
C3S   Serviço de Mudanças Climáticas Copernicus
CAF   Certificado de Abono Florestal
Capex   *capital expenditure* (despesas de capitais)
CAR   *Climate Action Reserve*
CBAM   *Carbon Border Adjustment Mechanism*
CBE   Cota Brasileira de Emissões
CBIO   Crédito de Descarbonização
CCB   *Climate, Community and Biodiversity*
CCP   *Core Carbon Principles*

CCS   *Carbon Capture and Storage*

CDM   *Clean Development Mechanism*

CDP Latin America   Organização global sem fins lucrativos que administra um sistema de divulgação de dados ambientais

CEBDS   Conselho Empresarial Brasileiro para o Desenvolvimento Sustentável

CFC – Clorofluorcarbonos

CO_2 Dióxido de carbono ou gás carbônico

COP   *Conference of the Parties* (Conferência das Partes, em português)

COP 21   21ª Conferência das Partes (Paris, 2015)

COP 28   28ª Conferência das Partes (Dubai, 2023)

COP 29   29ª Conferência das Partes (Baku, 2023)

COP 30   30ª Conferência das Partes (programada para 2025, em Belém do Pará)

CRA   Cota de Reserva Ambiental

CRVE   Certificado de Redução ou Remoção Verificada de Emissões

CVM   Comissão de Valores Mobiliários

ECO-92   Conferência das Nações Unidas sobre Meio Ambiente e Desenvolvimento (Rio de Janeiro, 1992)

EDGAR   *Emissions Database for Global Atmospheric Research*

Embrapa   Empresa Brasileira de Pesquisa Agropecuária

EPA   *Environmental Protection Agency* (Agência de Proteção Ambiental dos Estados Unidos)

ESG   *Environmental, Social and Governance*

EU ETS   *European Union Emissions Trading Scheme*

FEM   Fórum Econômico Mundial

GCC   Global Carbon Council (Catar).

GEE   Gases de Efeito Estufa

GHG Protocol   Metodologia internacional de contabilização e gestão de emissões de gases de efeito estufa

ICC Brasil   Câmara de Comércio Internacional do Brasil

ICMS   Imposto sobre a Circulação de Mercadorias e Serviços

ICVCM   *Integrity Council for the Voluntary Carbon Market*

IEA   *International Energy Agency* (Agência Internacional de Energia, em português)

IFM   *Improved Forest Management*

INPE   Instituto Nacional de Pesquisas Espaciais

IPCC *Intergovernmental Panel on Climate Change* (Painel Intergovernamental sobre Mudanças Climáticas, em português)

IPI Imposto sobre Produtos Industrializados

IPTU Imposto Predial e Territorial Urbano

ISE Índice de Sustentabilidade Empresarial

ITMO *Internationally Transferred Mitigation Outcomes* (Transferência Internacional de Resultados de Mitigação, em português)

LACLIMA *Latin American Climate Lawyers Initiative for Mobilizing Action,*

MDL Mecanismo de Desenvolvimento Limpo

NDC *Nationally Determined Contributions* (Contribuições Nacionalmente Determinadas, em português)

ODS Objetivos de Desenvolvimento Sustentável

OMC Organização Mundial do Comércio

OMM Organização Meteorológica Mundial

OMS Organização Mundial de Saúde

ONG Organização Não Governamental

ONU Organização das Nações Unidas

PIB Produto Interno Bruto

PNMC Política Nacional sobre Mudança do Clima

PNUMA Programa das Nações Unidas sobre o Meio Ambiente

PPM Partes por Milhão

PSA Pagamento por Serviços Ambientais

PUCSP Pontifícia Universidade Católica de São Paulo

RCE Redução Certificada de Emissão

REDD+ *Reducing Emissions from Deforestation and Forest Degradation*

Rio + 20 Conferência das Nações Unidas sobre Desenvolvimento Sustentável (2012)

RL Reserva Legal

SB *Supervisory Body* (Órgão Supervisor, instituição responsável por acompanhar a implementação do Acordo de Paris)

SBCE Sistema Brasileiro de Comércio de Emissões de Gases de Efeito Estufa

SbN Soluções Baseadas na Natureza

SBTi *Science Based Targets Initiative*

SEEG Sistema de Estimativas de Emissões de Gases do Efeito Estufa

SIG Sistemas de Informações Geográficas

Sisnama Sistema Nacional do Meio Ambiente

SPC Serviço de Proteção ao Crédito

tCO$_2$e   toneladas de dióxido de carbono equivalente

TNC   The Nature Conservancy, organização não governamental

UE   União Europeia

UFRJ   Universidade Federal do Rio de Janeiro

UFSC   Universidade Federal de Santa Catarina

UNFCCC   *United Nations Framework Convention on Climate Change* (Convenção-Quadro das Nações Unidas sobre a Mudança do Clima, em português)

USP   Universidade de São Paulo

VCMI   *Voluntary Carbon Markets Integrity Initiative*

VCS   *Verified Carbon Standard*

VCU   *Voluntary Carbon Units* (unidade de crédito de carbono emitida pela certificadora Verra)

Introdução

O mercado de carbono, ano a ano, vai entrando cada vez mais na rotina dos diferentes tipos de profissionais no Brasil e em outros países do globo. Mas compreendê-lo não é tarefa fácil e envolve um estudo sobre tratados internacionais, legislação, instrumentos econômicos e, principalmente, sobre mudanças climáticas.

Apesar de sua complexidade, não dá mais para ignorá-lo.

Publicações das principais instituições de pesquisa nacionais e internacionais apontam, quase sem exceção, os desafios climáticos realmente complexos para os próximos anos. De acordo com o relatório "The Global Risks Report 2024",[1] do Fórum Econômico Mundial, os principais riscos da próxima década são os conflitos armados, os dilemas tecnológicos e – lá estão elas – as questões climáticas.

Cada um de nós já experienciou algum efeito da mudança do clima. Para quem mora em São Paulo, é fácil lembrar da crise hídrica de 2014, quando a cidade ficou meses com o abastecimento escasso. Não foi simples lidar com o risco de não ter água, fruto de um desequilíbrio climático, com uma das piores secas históricas da região.

Mais recentemente, em 2023, as regiões da Amazônia e do Pantanal também viveram secas históricas, com grande incidência de incêndios e mortes de animais. Paralelamente, no mesmo ano, o sul do Brasil sofreu chuvas intensas que causaram mortes e prejuízos financeiros, com desta-

---

[1] Disponível em: https://www3.weforum.org/docs/WEF_The_Global_Risks_Report_2024.pdf.

que para o Rio Grande do Sul, que voltou a ter nova crise intensa de chuva em 2024 – dessa vez, a pior da história do país.

Pesquisas do Centro de Estudos e Pesquisas em Engenharia e Defesa Civil da Universidade Federal de Santa Catarina (UFSC), de 2022, estimam em cerca de R$ 392 bilhões o prejuízo dos estados brasileiros com eventos climáticos extremos.

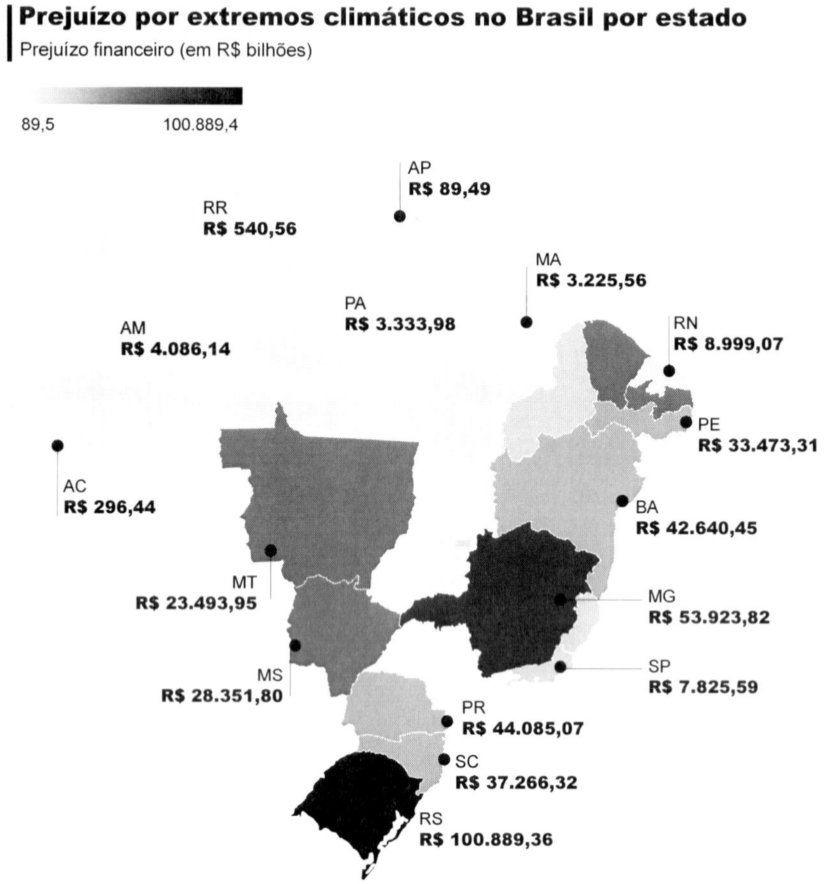

Prejuízo por extremos climáticos no Brasil por estado
Prejuízo financeiro (em R$ bilhões)

89,5   100.889,4

AP
R$ 89,49

RR
R$ 540,56

MA
R$ 3.225,56

PA
R$ 3.333,98

AM
R$ 4.086,14

RN
R$ 8.999,07

PE
R$ 33.473,31

AC
R$ 296,44

BA
R$ 42.640,45

MT
R$ 23.493,95

MG
R$ 53.923,82

MS
R$ 28.351,80

SP
R$ 7.825,59

PR
R$ 44.085,07

SC
R$ 37.266,32

RS
R$ 100.889,36

Figura 1   Prejuízo por extremos climáticos no Brasil por estado.
Fonte: UFSC. Centro de Estudos e Pesquisas em Engenharia Civil. 2022. Adaptada de KAZTECH. Disponível em: https://exame.com/brasil/com-r-1008-bilhoes-em-30-anos-rs-lidera-em-prejuizos-por-extremos-climaticos-no-brasil.

Se você é produtor, já notou que a chuva não se comporta mais como antigamente. Você já não tem mais tanta previsibilidade, e um dos principais riscos futuros do seu negócio provavelmente é a disponibilidade de água.

Algo está sendo feito para frear essas mudanças. Praticamente todos os países estão sentindo o vento mudar de rumo e os prejuízos assolarem seus territórios e impactarem a vida de seus cidadãos. Por isso, há muita gente comprometida em tentar encontrar soluções, seja de mitigação, seja de adaptação.

As negociações climáticas movimentam dezenas de milhares de profissionais todos os anos. Envolvem governantes, cientistas, empresários e demais especialistas. Já são mais de 30 anos de discussões desde a assinatura, em 1992, da Convenção-Quadro das Nações Unidas sobre a Mudança do Clima. Em dezembro de 2023, a cidade de Dubai, nos Emirados Árabes Unidos, recebeu mais de 85 mil pessoas de delegações nacionais, sociedade civil, empresas, povos indígenas, juventude, filantropia e organizações internacionais. Foi o maior encontro da Organização das Nações Unidas (ONU) de todos os tempos e o Brasil participou com uma das maiores delegações.

No Brasil, a legislação caminhou e, em novembro de 2024, aprovamos o Projeto de Lei n. 182/2024, sancionado e publicado no *Diário Oficial da União* em 12 de dezembro de 2024, data em que, oficialmente, nosso país ganhou uma nova lei, sob o n. 15.042, que instaura o mercado de carbono regulado brasileiro e cria o Sistema Brasileiro de Comércio de Emissões de Gases de Efeito Estufa (SBCE), uma das mais importantes notícias dos últimos anos para a agenda de Sustentabilidade. Neste livro, abordaremos essa lei com base na nossa experiência, nas nossas conversas com especialistas, nos projetos de carbono desenvolvidos pela ECCON Soluções Ambientais e nas discussões que tivemos nos corredores do Congresso Nacional, em Brasília.

A promulgação da Lei n. 15.042/2024 representa a criação do mercado regulado de carbono no Brasil. É um desdobramento dos compromissos que os países do planeta têm assumido ao longo dos anos, notadamente desde 1992, quando foi assinada a Convenção-Quadro das Nações Unidas sobre a Mudança do Clima (popularmente chamada de Convenção do Clima). A lei formaliza a criação de um mercado regulado de carbono no país.

Com a publicação dessa lei, e desde que o país siga cumprindo seus compromissos climáticos, o Brasil caminha para ser um dos principais atores da bioeconomia mundial, um *climate hub*. Vale lembrar que já sediamos duas das mais importantes conferências internacionais sobre meio ambiente: a Conferência das Nações Unidas sobre Meio Ambiente e Desenvolvimento (popularmente conhecida por ECO-92) e a Conferência das Nações Unidas sobre Desenvolvimento Sustentável (apelidada de Rio + 20), ambas ocorridas na cidade do Rio de Janeiro, em 1992 e 2012, respectivamente. E, em 2025, sediaremos em Belém, no Pará, a 30ª Conferência das Nações Unidas sobre as Mudanças Climáticas (COP 30).

A Lei que regula o mercado de carbono nacional (n. 15.042/2024) é um passo importante no cumprimento dos temas de descarbonização do Brasil porque prevê limites de emissões de Gases de Efeito Estufa (GEE). Quem emitir mais de 10.000 toneladas de dióxido de carbono equivalente (tCO_2e) por ano terá de cumprir uma série de compromissos. E se o volume passar de 25.000 tCO_2e, a instituição precisará ainda realizar a compensação das suas emissões, comprando créditos.

Mas a lei promete também movimentar oportunidades de negócios na economia verde. Com o estabelecimento de um teto de emissões e a obrigação de compensação, um mecanismo conhecido internacionalmente como *cap and trade*, cria-se uma oportunidade considerável de remuneração àqueles que desenvolvem atividades de captação ou estoque de carbono, a exemplo da restauração e conservação das florestas.

Uma pesquisa divulgada pela consultoria McKinsey[2] em 2022 mostra que o Brasil concentra 15% do potencial global de captura de carbono por meios naturais de todo o mundo. Isso significa um salto do mercado de créditos de US$ 1 bilhão hoje para US$ 50 bilhões em 2030. Mas garantir a alta integridade e a credibilidade dos projetos é fundamental.

O Brasil é um país muito importante na pauta climática: detém 20% da biodiversidade do mundo e é o segundo maior país em áreas de florestas, com 500 milhões de hectares aproximadamente, boa parte ainda preservada.

A agricultura local é ainda uma das que menos emitem gases de efeito estufa e que fixa o carbono da atmosfera. Conforme dados divulgados

---

2   BLAUFELDER, Christopher et al. Mercado voluntário de carbono tem potencial gigantesco no Brasil. *McKinsey & Company*, 14 set. 2020. Disponível em: https://www.mckinsey.com.br/our-insights/all-insights/mercado-voluntario-de-carbono-tem-potencial-gigantesco-no-brasil. Acesso em: 31 jan. 2025.

pela ECCON Soluções Ambientais,[3] na safra de 2022/2023 o país produziu 321,4 milhões de toneladas de grãos, além de ter produzido 8,5 milhões de toneladas de carne bovina em 2023, 13,4 milhões de toneladas de frango e 5,3 milhões de toneladas de carne suína. O país é também um grande produtor de café, com 55 milhões de sacas em 2023 e uma previsão de safra de 2023/2024 para cana-de-açúcar de 677 milhões de toneladas e para laranja de 12,5 milhões de toneladas.

Essa produção é baseada, majoritariamente, na disponibilidade de água da chuva. Ou seja, o fator climático é determinante para o sucesso da produção.

A conservação da vegetação no Brasil é necessária para a produção agropecuária de toda a América do Sul e viabiliza a produção de proteínas animais em outras regiões do mundo, visto que boa parte dos grãos produzidos aqui serve de insumo para ração animal ao redor do mundo. A conservação é, assim, um seguro – muitas vezes menosprezado pelo setor produtivo.

Em paralelo, o país é referência global em fontes renováveis de energia, com 47% da matriz energética e 84% da elétrica vindas de recursos não fósseis – no mundo, esses percentuais são de 15% e 28%, aproximadamente.

Não à toa, o ex-presidente da empresa de bens e consumo Unilever, ativista e coautor do livro *Net positive*, Paul Polman, foi enfático ao dizer, em um evento realizado em São Paulo no fim de fevereiro de 2024, que "o Brasil tem tudo para ser líder da descarbonização e potência verde". Pode, inclusive, ser o primeiro a atingir a neutralidade de carbono (quando as emissões de gases de efeito estufa se equivalem ao volume retirado da atmosfera), e até mesmo ser o líder no chamado *net positive*, ou seja, chegar a absorver mais do que polui.

Para isso, contudo, como o próprio Polman destaca, "precisa querer". E parte desse "querer" tem a ver com criar regulações que facilitem e estimulem a proteção e a restauração florestal, a preservação da biodiversidade e o desenvolvimento econômico sustentável. O mercado regulado de carbono é uma das principais apostas para ajudar nessa missão.

Foi pensando em extrapolar os debates científicos, técnicos e direcionados apenas a especialistas em sustentabilidade que escrevemos este livro.

---

3 MARINHO, Yuri Rugai; STABILE, Marcelo C. C. O diálogo entre o agronegócio brasileiro e o mercado de carbono. ECCON, abr. 2024. Disponível em: https://ecconsa.com.br/cna105. Acesso em: 31 jan. 2025.

A ideia é simples, porém complexa: trazer ao público o contexto, as explicações e os cenários para esta ferramenta – o mercado de carbono – ao mesmo tempo que traduzimos a qualquer interessado ou curioso no assunto a sua importância, oportunidades e desafios.

Esperamos que a leitura deste livro te leve a boas decisões e a bons projetos. É nossa singela colaboração com a discussão do tema, que, em nossa opinião, mais do que nunca, precisa chegar a todos os cantos do país e do mundo.

Capítulo 1

Por que falamos de carbono?

Você já sabe por que precisamos falar de carbono? O tema é imprescindível para compreendermos outro assunto importantíssimo atualmente: as **mudanças climáticas**!

Para explicar essa relação, precisamos primeiro falar sobre eles, os gases de efeito estufa (GEE). O dióxido de carbono ou gás carbônico (CO_2) é o mais conhecido deles, e sua emissão vem, principalmente, do uso de combustíveis fósseis – petróleo, carvão e gás natural – nas atividades humanas. Mas ele não é o único.

Certamente você já ouviu falar dos clorofluorcarbonos (CFC), os destruidores da camada de ozônio. O uso de CFC em aerossóis, por exemplo, foi proibido no Brasil em 1988 e em outros países no ano seguinte. Muito foi falado sobre os danos que a redução da camada de ozônio pode causar na Terra – do aumento de casos de câncer de pele à alteração da vida marinha. Os clorofluorcarbonos são exemplos de gases de efeito estufa.

A lista inclui ainda o gás metano (CH_4), o óxido nitroso (N_2O), o ozônio (O_3), os hidrofluorocarbonetos (HFC), os perfluorcarbonetos (PFC), o hexafluoreto de enxofre (SF_6), bem como o trifluoreto de nitrogênio (NF_3). Eles estão presentes em nossas vidas diariamente, e em muitos casos não nos damos conta. O metano, por exemplo, que tem mais de 80 vezes o poder de aquecimento em relação ao CO_2, além de ser liberado na queima de combustíveis fósseis, é também emitido no processo de decomposição da matéria orgânica, em aterros sanitários, lixões e reservatórios de hidrelétricas, assim como no processo de digestão do gado e no cultivo de arroz. Já o trifluoreto de nitrogênio, por exemplo, que é cerca de 16 mil vezes mais danoso que o CO_2, é usado na fabricação de televisores e telas de computador de cristal líquido (ou LCD).

Mas, antes de sair rotulando esses gases como grandes vilões do aquecimento global, é importante esclarecer que sem eles nem estaríamos aqui, trabalhando, indo ao cinema, viajando, curtindo uma cachoeira e comendo em bons restaurantes. A presença dos GEE na atmosfera é o que torna a Terra habitável, justamente porque eles contribuem para elevar a temperatura. Se não existissem, a temperatura média do planeta estaria em **18 °C negativos**, estimam cientistas.

Ou seja, é difícil imaginar tudo que a humanidade construiu até hoje em um cenário climático tão desafiante e gélido. Na prática, os GEE são responsáveis por bloquear o caminho de uma parte da energia solar que chega à superfície do planeta e seria imediatamente refletida de volta ao espaço.

Mas por que eles são sempre associados a algo prejudicial? Sabe aquele ditado popular que diz que a diferença entre remédio e veneno está na dose? A presença desses gases foi crescendo ao longo das décadas, especialmente a partir da Revolução Industrial, por volta de 1760. Coincide com o uso do carvão mineral, do petróleo e seus derivados para gerar energia, produzir componentes químicos e facilitar outras atividades humanas. Basicamente foram essas queimas que bancaram o crescimento econômico até agora.

Uma pesquisa da revista científica *Science*, publicada no fim de 2023, feita pelo Cenozoic CO_2 Proxy Integration Project (CenCO$_2$PIP), projeto do qual participam mais de 90 cientistas de 16 países, apresentou dados alarmantes: estamos, hoje, na mais alta concentração de gases de efeito estufa dos últimos 14 milhões de anos: 419 partes por milhão (ppm). Como base de comparação, antes da Revolução Industrial esse indicador girava em torno de 280 ppm. Ou seja, de lá para cá, em pouco mais de 260 anos, a concentração desses gases na atmosfera cresceu 50%.

O que mais surpreende é a velocidade aceleradíssima de mudanças em tão pouco tempo. Faz cerca de 1 milhão de anos que o primeiro ser humano surgiu na Terra, e, em apenas 0,026% desse período, nos últimos séculos, já causamos o suficiente para mudar a dinâmica de funcionamento do planeta!

Mudanças climáticas e emissões de gases de efeito estufa

Praticamente tudo que fazemos emite gases de efeito estufa. A organização não governamental (ONG) ambiental The Nature Conservancy (TNC) estima que cada habitante do planeta gera, em média, quase quatro toneladas de CO_2 por ano em seu transporte, alimentação, hábitos de consumo, compras e serviços.

Basicamente todas as atividades humanas e setores da economia emitem poluentes: na agricultura, por meio da preparação da terra para plantio e aplicação de fertilizantes; na pecuária, por meio do tratamento de dejetos animais e pela fermentação entérica do gado; no transporte, pelo uso de combustíveis fósseis, como gasolina e gás natural; no tratamento dos resíduos sólidos, pela forma como o lixo é tratado e disposto; nas florestas, pelo desmatamento e pela degradação de florestas; e por aí vai.

O Brasil é o sexto maior emissor de GEE do mundo, atrás de China, Estados Unidos, Índia, União Europeia e Rússia, os Top 5. Esses seis somaram quase 62% dos GEE lançados em 2022 e 63% do consumo global de combustíveis fósseis, de acordo com dados do relatório "GHG Emissions of All World Countries", publicado em 2023 com base no Emissions Database for Global Atmospheric Research (EDGAR).

O Brasil registrou aumento de 88% nas emissões de GEE em pouco mais de 30 anos.

Em termos de setores econômicos, o de energia, que inclui a geração de eletricidade e calor, assim como seu uso em edifícios, transporte, fabricação e construção civil, é o maior contribuinte para as emissões de GEE, representando 75% das emissões globais em 2020, segundo o Climate Watch.

Cada país, porém, tem suas particularidades. No Brasil, por exemplo, as atividades de mudança no uso da terra e silvicultura (florestas), que incluem a problemática do desmatamento, respondem por quase metade (48%) das emissões, de acordo com dados do Sistema de Estimativas de Emissões de Gases de Efeito Estufa (SEEG), iniciativa do Observatório do Clima. Somadas à atividade agropecuária, essas duas áreas são responsáveis por três quartos de toda a contribuição brasileira para o aquecimento do planeta.

O Brasil é um caso quase único, pois combina uma enormidade de recursos que permitem geração de eletricidade vinda de fontes limpas, como hidrelétricas (água) e fontes eólicas (vento) e solares (calor do sol), mas também desenvolveu, ao longo das últimas décadas, um invejável ecossis-

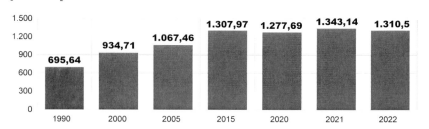

Figura 1 Evolução das emissões de gases de efeito estufa (GEE) no Brasil.
* MtCO₂e é a sigla para milhões de toneladas de dióxido de carbono equivalente.
Fonte: EDGAR. *GHG Emissions of All World Countries*, 2023.

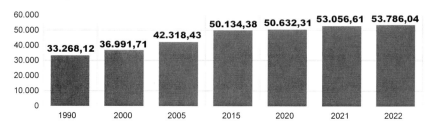

Figura 2 Evolução das emissões de gases de efeito estufa (GEE) no mundo.
* MtCO₂e é a sigla para milhões de toneladas de dióxido de carbono equivalente.
Fonte: EDGAR. *GHG Emissions of All World Countries*, 2023.

tema de biocombustíveis para geração térmica, a exemplo do etanol, do biometano, da biomassa e do biodiesel.

Em última instância, podemos aferir que a evolução humana, que construiu sociedades baseadas na extração e no uso dos recursos naturais sem pensar em consequências, justifica boa parte do problema.

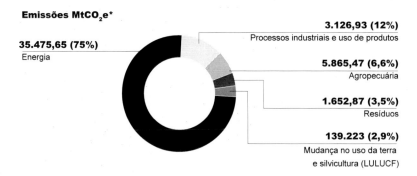

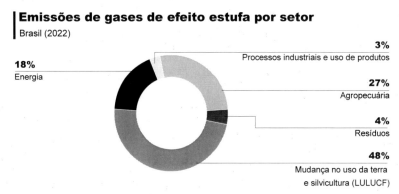

Figura 3 Emissões de gases de efeito estufa por setor.
Fonte: Climate Watch, PIK, UNFCCC, GCP e Sistema de Estimativas de Emissões de Gases de Efeito Estufa (SEEG). Observatório do Clima.
* MtCO$_2$e: milhões de toneladas de dióxido de carbono equivalente.

Mudanças climáticas e as verdades inconvenientes

Já se passaram quase 20 anos desde que o documentário *Uma verdade inconveniente*, lançado pelo ex-vice-presidente dos Estados Unidos Al Gore, escancarou para quem quisesse ouvir que as consequências do aquecimento global acelerado pelas ações humanas já estavam visíveis. Como o título bem sinaliza, é desconfortável pensar que nossas vidas podem mudar totalmente em poucas décadas. Mas o fato é que é a realidade e precisa ser encarada como tal para encontrarmos as soluções a tempo de minimizar seus danosos efeitos.

Segundo o relatório de Mudanças Climáticas do Painel Intergovernamental sobre Mudanças Climáticas (IPCC),[1] a história mostra que o problema começou na Revolução Industrial, mas foi nas últimas duas décadas – período considerado de maior desenvolvimento tecnológico e econômico da humanidade – que ele se agravou.

Mais da metade (58%) das emissões líquidas de CO_2 acumuladas no período de 1850 a 2019 foram lançadas na atmosfera entre 1850 e 1989. O problema vem agora: cerca de 42% desse total foi emitido entre 1990 e 2019. E, pior: cerca de 17% das emissões líquidas acumuladas desde a Revolução Industrial ocorreram entre 2010 e 2019!

O IPCC é um grupo de 782 cientistas estabelecido pelas Nações Unidas para monitorar e assessorar toda a ciência global relacionada às mudanças climáticas. Nos últimos oito anos, eles divulgaram seis relatórios sobre a situação do mundo e traçaram alguns cenários – a maioria bem alarmante.

No sexto documento (o Sixth Assessment Report ou AR6),[2] divulgado em meados de 2023, o IPCC traz, por exemplo, que a temperatura terrestre já subiu 1,1 grau Celsius (°C) desde 1850, em um intenso processo de efeito estufa. Na prática, isso significa que as consequências já são visíveis a olho nu. Os exemplos estão no noticiário quase diariamente: aumento do nível do mar, frequência maior de desastres naturais e eventos extremos (chuvas, secas, ciclones e tempestades), degelo das geleiras nos polos do planeta, aumento da temperatura dos oceanos, desertificação de algumas áreas e tantas outras.

Para quem não se lembra direito da aula de Ciências, o efeito estufa é um processo físico que ocorre quando uma parte da radiação infravermelha do sol emitida pela superfície terrestre é absorvida pelos gases de efeito estufa presentes na atmosfera. Com a ação humana, chamada de antrópica, a concentração dos GEE aumentou de forma descontrolada, gerando efeitos climáticos adversos, entre eles o aquecimento global.

---

1 IPCC. *Climate Change 2022*: impacts, adaptation and vulnerability. 2022.
2 IPCC. *Climate Change 2022*: impacts, adaptation and vulnerability, cit.

As consequências dessa mudança no sistema climático vão da morte de corais nos mares, passam pelas migrações compulsórias de animais, por estragos na infraestrutura urbana, perda de produção agrícola, até bilhões de dólares de prejuízo e perda de muitas vidas humanas.

A Organização Meteorológica Mundial (OMM)[3] estima que o impacto de meio século de eventos climáticos extremos já resultou em mais de 2 milhões de mortes e US$ 4,3 bilhões em perdas econômicas. Os choques climáticos, condições meteorológicas adversas e aqueles eventos relacionados com a alteração hídrica causaram cerca de 12 mil catástrofes entre 1970 e 2021.

Mas esse impacto não é igualmente distribuído no mundo; pelo contrário, são as populações e regiões mais vulneráveis, com menos dinheiro para prevenir e remediar os efeitos, as mais impactadas. Nove em cada 10 mortes e 60% das perdas econômicas, estima a entidade, aconteceram nos países em desenvolvimento. As mulheres tendem ainda a ser as mais pre-

| **Evidências do aquecimento global**

Concentração de CO_2 sem precedentes nos últimos 2 milhões de anos

Recuo das geleiras sem precedentes nos últimos 2 mil anos

A última década foi a mais quente que qualquer período nos últimos 125 mil anos

Nível do mar aumentou mais rápido que em qualquer século nos últimos 3 mil anos

Cobertura de gelo no verão Ártico é a menor dos últimos mil anos

Figura 4   Evidências do aquecimento global já em andamento.
Fonte: IPCC AR.

---

3   NAÇÕES UNIDAS. *Relatório da ONU revela aumento alarmante nos efeitos da mudança climática*, 2023.

judicadas. Há um termo para isso: justiça climática (ou, seria até mais indicado, injustiça climática).

Vale lembrar que esses números se referem ao passado. Ainda que o futuro seja incerto, há consenso entre os especialistas de que "vai dar ruim". Será pior do que foi até agora.

O IPCC identificou que 3,6 bilhões de pessoas já vivem em áreas altamente suscetíveis às alterações climáticas. A estimativa é que 250 mil pessoas possam morrer por ano, entre 2030 e 2050, apenas devido à subnutrição, à malária, à diarreia e ao estresse térmico. Os custos dos danos diretos para a saúde (excluindo custos em setores relacionados à saúde, como a agricultura, a água e o saneamento) são estimados entre US$ 2 e 4 bilhões por ano até 2030.

As áreas menos desprovidas de sistema de saúde, principalmente nos países em desenvolvimento, serão as menos capazes de enfrentar a situação. Afinal, não teriam condições – financeiras, de pessoal treinado, de equipamentos e meios de transporte – de se prepararem e responderem a essas situações.

A Organização Mundial de Saúde (OMS) havia destacado em 2023 que a despesa mundial com a saúde já representa 11% do PIB (Produto Interno Bruto) mundial, e espera-se que as alterações climáticas agravem a crise sanitária. Um relatório do Fórum Econômico Mundial de 2024 veio para confirmar: os gastos com problemas de saúde podem acrescentar US$ 1,1 trilhão à conta. A poluição atmosférica pode ainda contribuir para a morte prematura de quase 9 milhões de pessoas por ano, e 500 milhões de cidadãos globais podem ficar expostos a doenças transmitidas por vetores.

Apesar de, em uma análise mais superficial, parecerem problemas sérios, porém distantes da realidade corporativa, as mudanças climáticas e suas consequências, como desabastecimento de alimentos, problemas de saúde e mortes, têm muito a ver com estratégia e mensuração de risco.

Cinco trilhões de dólares. É essa a estimativa para as perdas econômicas globais com eventos climáticos extremos nos próximos cinco anos, calculada por uma das maiores plataformas de venda de seguros e resseguros do mundo, a inglesa Lloyd's, em parceria com o Cambridge Centre for Risk Studies.[4] Na conta estão principalmente choques hídricos e alimentares. Ou seja, quebras de safras, falta de alimentos e escassez de água.

---

4   GLOBAL ECONOMIC LOSSES FROM EXTREME WEATHER COULD HIT $5 TRILLION, LLOYD'S SAYS. *Reuters*, 2023.

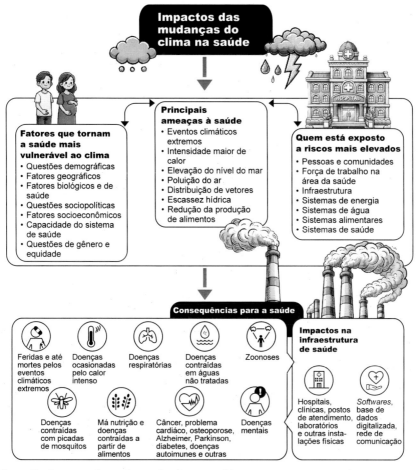

Figura 5 Impactos das mudanças do clima na saúde.
Fonte: Organização Mundial da Saúde (OMS), 2023.

O relatório divulgado em outubro de 2023 aponta:

> À medida que o evento se desenrola, as sociedades de todo o mundo poderão assistir a perturbações, danos e perdas econômicas generalizadas, promovendo grandes mudanças nos alinhamentos geopolíticos e nos comportamentos dos consumidores.

Acredita-se que esses impactos afetarão o PIB de ao menos 107 dos 193 países do mundo, em níveis diferentes de gravidade.

Outro relatório recente, do Fórum Econômico Mundial (FEM) com a consultoria Oliver Wyman,[5] e divulgado em meados de janeiro de 2024, traz que, no cenário de um aumento entre 2,5 °C e 2,9 °C da temperatura global – trajetória que cientistas acreditam ser para onde caminhamos com o ritmo lento de ações hoje –, os desastres naturais serão intensificados. Com isso, podem levar a prejuízos de US$ 12,5 trilhões e mais de 14 milhões de vidas perdidas até 2050. Inundações, secas e ondas de calor são as principais causas.

Diante disso, você deve estar com o coração palpitando, a respiração ofegante e a mente se perguntando o que é preciso fazer para evitar tudo isso. Não?! A boa notícia é que está mais ou menos mapeado o que deve ser feito. A má notícia é que está difícil convencer a todos, incluindo empresas, governos e pessoas físicas, de que é preciso implementar essas ações bem mais rápido do que estamos fazendo.

A redução das emissões de gases com efeito de estufa passa por:

- Optar por opções menos poluentes de transporte, alimentação e utilização de energia; fazer um intenso esforço coletivo para combater o desmatamento ilegal e restaurar áreas já cortadas de florestas.
- Direcionar muito dinheiro para projetos de agricultura regenerativa, soluções baseadas na natureza (SbN), geração de créditos de carbono, eficiência energética em indústrias, inovação e pesquisa tecnológica para captura de carbono.
- Repensar a construção civil, a mobilidade urbana e os produtos em geral para gerarem menos resíduos e terem pegada de carbono menor em seu ciclo de vida (*sustainability by design*).
- Oferecer educação socioambiental a todos desde cedo.
- Premiar iniciativas pró-clima e taxar as intensivas em emissões.
- E por aí vai…

Fácil? Nunca falaram que seria. Mas também não dá para fingir que o problema não está acontecendo e que não teremos de fazer nossa parte. Essa é a verdade inconveniente com a qual teremos de lidar daqui em diante.

O climatologista norte-americano Charles Keeling mal sabia que sua empreitada pelo Havaí em 1958 deixaria seu nome marcado na história

---

5   OLIVER WYMAN. *Alterações climáticas podem causar até 14,5 milhões de mortes até 2050*, 2024.

da humanidade. E não foi pelo surfe! Com o objetivo claro, o cientista conseguiu comprovar que a presença cada vez maior de CO_2 na atmosfera está causando um aumento contínuo nas temperaturas do planeta, o tal do aquecimento global de que ouvimos tanto falar. Foi aí que começou a série histórica que alimenta com dados medidos pelo Observatório Mauna Loa, no Havaí, um dos gráficos mais famosos do planeta: a chamada curva de Keeling.

Nos primeiros 50 anos da curva, essa concentração aumentou de 315 partes por milhão (ppm) de CO_2 em 1958 para 380 ppm em 2008. A última medição que consta no *site* da University of California San Diego é de 426 ppm. Essa rápida velocidade de mudança está levando, inevitavelmente, a um aumento dos eventos climáticos extremos, com seus impactos.

Em 1927, as emissões de carbono a partir da queima de combustível fóssil – motor da industrialização – alcançaram a simbólica marca de 1 bilhão de toneladas anual. Em 2023, as emissões de CO_2 relacionadas ao uso de energia atingiram novo recorde, de 37,4 bilhões de toneladas de dióxido de carbono equivalente (tCO_2e), segundo relatório publicado em março de 2024 pela Agência Internacional de Energia (IEA), e realizado pelas consultorias KPMG e Kearney, e a Universidade Heriot-Watt, com patrocínio da BP, uma das maiores petroleiras do mundo.[6]

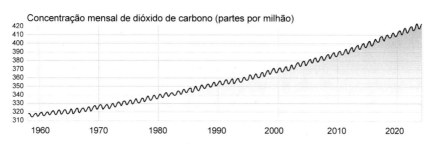

Figura 6 Curva de Keeling.
Fonte: Instituto Scripps de Oceanografia em UC San Diego; Observatório Mauna Loa, no Havaí.

---

6   IEA. *CO₂ emissions in 2023*: a new record high, but there is light at the end of the tunnel? 2024.

O ano de 2023 entrou para a história como o mais quente nos últimos 100 mil anos, de acordo com o Serviço de Mudanças Climáticas Copernicus (C3S),[7] a agência europeia do clima. Em 2023, a média de temperatura chegou a 1,48 °C acima do registrado entre 1850 e 1900, com alguns momentos do ano até acima dos 1,5 °C a mais em relação ao nível pré-Revolução Industrial.

Por aqui, os 30 mil habitantes da cidade mineira de Araçuaí, por exemplo, puderam se sentir em um filme do Mad Max, com os termômetros acima de 44 graus! Dados da Organização Meteorológica Mundial (OMM) apontam que a média de temperatura no Brasil em 2023 ficou em 24,92 °C, sendo 0,69 °C acima da média histórica de 1991/2020, que é de 24,23 °C. Imagine se deslocar de casa para o trabalho, ir ao banco, sair para comer e dormir nessa situação.

António Guterres, secretário-geral das Nações Unidas, chegou a dizer, em julho de 2023, que já deixamos para trás a fase de Aquecimento Global e estamos entrando na fase de Ebulição Global ou Fervura Global.[8] Como você reagiria se te dissessem que você só tem seis anos para fazer alguma coisa e que, depois disso, o aquecimento *à la* Mad Max é inevitável? Foi mais ou menos isso que um grupo internacional de cientistas previu: estamos próximo do tal do "ponto de não retorno".

A estimativa que consta no estudo, publicado na revista *Nature Climate Change*,[9] é que, para ter mais de 50% de hipóteses de limitar o aquecimento a 1,5 °C, os seres humanos precisariam reduzir as emissões essencialmente a zero por volta de 2035.

Sejamos realistas: é possível o mundo todo parar de andar de carro, de produzir nas indústrias, de consumir e até mesmo de criar gado em uma década? Infelizmente não. Muitas das metas de redução de emissões que empresas e governos publicam é para chegar ao tal do *net zero* – quando as emissões líquidas de gases de efeito estufa chegam a zero – em 2050, com 35 anos de atraso!

---

7   PIVETTA, Marcos. Ano de 2023 é o mais quente do planeta desde 1850. *Pesquisa Fapesp*, 2024.
8   ESTAMOS NA ERA DA "FERVURA GLOBAL", DIZ SECRETÁRIO DA ONU EM MEIO A ONDA DE CALOR RECORDE. *Valor Econômico*, 27 jul. 2023. Disponível em: https://valor.globo.com/mundo/noticia/2023/07/27/estamos-na-era-da-fervura-global-diz-secretrio-da-onu-em-meio--a-onda-de-calor-recorde.ghtml. Acesso em: 31 jan. 2025.
9   TO LIMIT GLOBAL WARMING TO 1.5 °C, WE HAVE JUST 6 YEARS TO REACH NET ZERO. *Fast Company*, 11 abr. 2023. Disponível em: https://www.fastcompany.com/90977364/to-limit-global-warming-to-1-5c-we-have-just-6-years-to-reach-net-zero. Acesso em: 31 jan. 2025.

Por que falamos de carbono?

Comparação dos riscos do aumento das temperaturas
Explicando o relatório do grupo de trabalho II do IPCC (AR6)

	1,5 °C	2 °C	3 °C	1,5 °C vs 2 °C	1,5 °C vs 3 °C
Perda de biodiversidade Porcentagem máxima de espécies com alto risco de extinção em áreas terrestres	14%	18%	29%	1,3x pior	2,1x pior
Seca População exposta a estresse hídrico, estresse térmico e desertificação	0,95B de pessoas	1,15B de pessoas	1,29B de pessoas	200M de pessoas a mais	340 M de pessoas a mais
Segurança alimentar Custos com adaptação e danos residuais para as principais culturas	US$ 63 bilhões	US$ 80 bilhões	US$ 128 bilhões	US$ 17 bilhões a mais	US$ 65 bilhões a mais
Incêndios Aumento das áreas queimadas na Europa Meridional	40%-54%	62%-87%	96%-187%	1,6x pior	3x pior
Calor extremo Aumento do número de dias por ano com temperatura acima dos 35°C	45%-58%	52%-68%	66%-87%	1,2x pior	1,5x pior
Calor extremo Aumento do número anual de ondas de calor no sul da África	2-4 vezes	4-8 vezes	8-12 vezes	2x pior	3,3x pior
Aumento do nível do mar Aumento médio global do nível do mar até 2100	0,28-0,55 mm	0,33-0,61 mm	0,44-0,76 mm	1,1x pior	1,4x pior
Inundações Aumento da população global exposta a inundações	24%	30%	sem dados disponíveis	1,3x pior	sem dados disponíveis
Recifes de corais Declínio dos recifes de corais	70%-90%	99%	sem dados disponíveis	1,2x pior	sem dados disponíveis

Figura 7 Comparação dos riscos do aumento das temperaturas: explicando o relatório do grupo de trabalho II do IPCC (AR6).

Fonte: BOEHM, Sophie; SCHUMER, Clea. 10 conclusões do Relatório do IPCC sobre mudanças climáticas de 2023.

Diferença entre *"net zero"*, "neutralidade de carbono" e "compensação de carbono"

Muitas vezes, as pessoas confundem o termo *"net zero"*, com "neutralidade de carbono" e "carbono neutro". Embora tenham similaridades e sejam estratégias de redução de emissões de carbono, essas expressões têm significados diferentes.

Compensação de carbono: processo pelo qual as empresas fazem seu inventário de carbono e neutralizam suas emissões de GEE comprando créditos de carbono no mercado ou investindo em projetos de reflorestamento, recuperação florestal ou outras formas de captura de carbono.

Neutralidade de carbono ou carbono neutro: é um passo além da compensação de carbono. É quando a quantidade de emissões de gases de efeito estufa é balanceada na mesma proporção com formas de absorção de carbono. Diferente da compensação, na neutralidade, empresas, governos, entidades, eventos etc. se esforçam para reduzir as emissões. Se não conseguirem reduzir tudo, então compram créditos de carbono ou investem em outras iniciativas de compensação. A ideia é que seja um *status* de curto prazo, uma transição para o *"net zero"*.

Net zero: o termo, usado geralmente em inglês mesmo, significa não adicionar novas emissões à atmosfera, segundo a Organização das Nações Unidas (ONU). E isso requer um esforço bem maior, porque as organizações precisam eliminar até o que elas não emitem diretamente, como a poluição gerada por seus fornecedores no âmbito do trabalho para a organização, por clientes no uso de seus produtos e serviços, entre outras emissões indiretas (o chamado Escopo 3 do *GHG Protocol*). Compensação, só como último recurso.

O tal do "ponto de não retorno" (anote, porque você vai ouvir falar mais desse termo) é um cálculo matemático com base em vários dados históricos e com *softwares* que preveem como será a Terra se mantivermos o ritmo de poluição atual.

O que o IPCC descobriu é que, se conseguíssemos limitar o aumento de temperatura até 1,5 °C até 2100, ainda teríamos chance de não ferver no caldeirão e as consequências − secas, chuvas, tempestades extremas etc. − não seriam tão catastróficas. Mas alertaram que, se passarmos de 3 °C, é difícil saber o que será. Para dar uma perspectiva, a última vez que a temperatura global aumentou 2,5 °C em relação ao nível pré-industrial foi há mais de 3 milhões de anos!

Quando o IPCC divulgou seu relatório número 6, em 2021, o biólogo Mairon Bastos Lima, pesquisador do Stockholm Environment Institute, chegou a comentar que estávamos caminhando para uma temperatura média que corresponde à que a Terra tinha há 3 milhões de anos. "Um ambiente muito diferente daquele em que a espécie humana surgiu, para não falar daquele em que as culturas humanas, os padrões de habitação, produção de alimentos se organizaram", conforme consta em reportagem da CNN Brasil.[10]

E a pergunta que não quer calar: o que dá para fazer para evitar que a situação piore?

Para responder à pergunta anterior – "O que dá para fazer para evitar que a situação piore?" –, vamos resgatar o conceito de *net zero*. Usado em inglês, esse termo se refere ao Estado em que uma empresa, governo e entidades não emitem mais GEE. Todo mundo terá de se esforçar para reduzir o máximo possível sua poluição atmosférica, e isso significa, em última instância, resetar a vida humana na Terra.

Parece meio dramático e alarmista, e é mesmo. Do jeito que está, como vimos, não terá volta. Então, o jeito é começar tudo de novo, mudar a forma de consumir, o *design* de produtos, o que plantamos, nossa alimentação, os materiais que usamos na construção de prédios, casas e rodovias, o destino de nosso lixo, a geração de energia, os meios que usamos para nos locomover, nossos *hobbies*, e por aí vai.

É óbvio, porém, que é bem difícil fazer tudo isso, ainda mais ao mesmo tempo, certo? Se nem a pandemia fez a humanidade realmente mudar seu estilo de vida e as emissões, o que nos motivará a fazer isso agora? Há pessoas que mudaram sua forma de consumo porque genuinamente entendem a problemática. Mas não adianta só nós, em nível individual, deixarmos de usar carro para ir ao trabalho, separar o resíduo reciclável e virarmos veganos. É preciso que todos – e isso inclui empresas, governos e qualquer organização – virem essa chave.

A meta hoje é que o mundo atinja o *status* de "zero emissões líquidas" até 2050. Isso significa reduzir suas emissões em 45% até 2030. Fazendo isso, nós conseguiremos manter o aumento da temperatura global em até 1,5 °C.

Pelo menos é esse o combinado que os 194 Estados e a União Europeia concordaram em assinar em 2015. Até agosto de 2024 esse era o nú-

---

10 VEIGA, Edilson. Com mudança climática, Brasil precisa repensar agronegócio, dizem especialistas, 2021.

mero de signatários do chamado Acordo de Paris, que, juntos, representam mais de 98% das emissões de GEE do planeta. Os únicos países que não ratificaram o acordo foram os do Oriente Médio, incluindo o Irã, a Líbia e o Iêmen, uma região com grandes provedores de combustíveis fósseis.

Mas, para chegarmos ao Acordo de Paris, o corre foi longo. As tratativas e tentativas de chegar a um acordo global, com mecanismos bem desenhados de como será a redução, como distribuir as responsabilidades, e considerando as particularidades das regiões, datam de 1992.

Foi nesse ano que a Convenção-Quadro das Nações Unidas sobre a Mudança do Clima (UNFCCC) estabeleceu a base para o combate às mudanças climáticas. O Protocolo de Quioto, adotado em 1997, trouxe metas específicas de redução para países desenvolvidos. Após o período de vigência do Protocolo, o Acordo de Paris foi assinado, em 2015, estabelecendo um novo marco global para a ação climática com um sistema baseado em metas nacionais atualizáveis e a ambição de limitar o aquecimento global a 1,5 °C.

Em 2025, quando o Acordo de Paris completa 10 anos, é o Brasil que sediará a COP 30. Assuntos como o financiamento climático para países em desenvolvimento e o avanço de tecnologias de energia renovável e soluções de baixo carbono serão alguns dos temas-chave. O fato de ser realizada no meio da Amazônia brasileira também, espera-se, deve trazer a pauta da biodiversidade e da sociobioeconomia para a roda de conversas. A ver.

Histórico da Convenção do Clima e o mercado de carbono como solução de compensação de emissões

É visível que a pauta climática ganhou relevância nos últimos anos. Porém, as preocupações e discussões sobre o futuro de um planeta cada vez mais quente não são tão recentes assim. Em 1873, uma instituição mundial chamada Organização Internacional de Meteorologia (WMO) surgiu com o objetivo de discutir questões relacionadas ao clima. Em 1950, ela já contava com 187 Estados-membros.[11]

---

11 DAMASCENO, Monica. A Convenção-Quadro das Nações Unidas sobre a Mudança do Clima, 2007.

Em 1972, a Conferência das Nações Unidas sobre o Meio Ambiente Humano realizou o primeiro encontro, dentro do sistema ONU e de grande abrangência internacional, a discutir questões de meio ambiente. Na ocasião,[12] os países, reunidos em Estocolmo, na Suécia, lançaram importantes iniciativas na agenda climática, tais como a Declaração de Estocolmo (Declaração das Nações Unidas sobre o Meio Ambiente Humano); o Plano de Ação para o Meio Ambiente, na forma de recomendações; uma resolução sobre aspectos financeiros e organizacionais no âmbito da ONU; e uma resolução que institui o Programa das Nações Unidas sobre o Meio Ambiente – PNUMA (*United Nations Environment Programme* – UNEP).

Anos depois, em 1988, foi criado o Painel Intergovernamental sobre Mudanças Climáticas (Intergovernmental Panel on Climate Change, IPCC, na sigla em inglês), formado por dezenas de autoridades científicas de todo o mundo responsáveis por monitorar e assessorar a ciência global relacionada às mudanças climáticas. Divididos em Grupos de Trabalho, no Painel, os cientistas avaliam os resultados de milhares de pesquisas realizadas pelas principais universidades e publicam relatórios periódicos com detalhes sobre as consequências do aquecimento global e estimativas do que precisa ser feito para freá-lo. Essa instituição tornou-se referência mundial sobre aquecimento global.

E foi justamente por recomendação do IPCC que, em 1990, a Assembleia Geral da ONU iniciou suas negociações para a adoção do que futuramente seria denominado Convenção-Quadro das Nações Unidas sobre a Mudança do Clima (no inglês, *United Nations Framework Convention on Climate Change* – UNFCCC). Assim, reconhecida a existência do problema, o passo seguinte foi firmar compromissos internacionais para a estabilização da concentração dos gases em níveis que não prejudicassem o sistema climático.

O resultado disso foi a realização, em 1992, da Conferência das Nações Unidas sobre Meio Ambiente e Desenvolvimento, na cidade do Rio de Janeiro, no Brasil. O encontro marcou os 20 anos do início das discussões ambientais internacionais (iniciadas na Conferência de Estocolmo) e ficou também conhecido como ECO-92.

---

12 SOARES, Guido Fernando da Silva. *A proteção internacional do meio ambiente*, 2003. p. 44.

Convenção-Quadro das Nações Unidas sobre a Mudança do Clima

Aberto para assinatura durante a ECO-92, o tratado internacional UNFCCC reconheceu a mudança do clima como uma preocupação comum da Humanidade. As Partes signatárias comprometeram-se a elaborar uma estratégia global para estabilizar as concentrações dos GEE em níveis minimamente seguros para preservar a vida humana na Terra. A Convenção entrou em vigor, em âmbito internacional, em 21 de março de 1994, com 182 países signatários.

O Brasil foi o primeiro país a assinar o tratado, em 4 de junho de 1992. A aprovação formal do texto da Convenção, por meio do Decreto Legislativo n. 1, só veio quase dois anos depois, em 3 de fevereiro de 1994. Na sequência foi editado o Decreto n. 2.652, de 1º de julho de 1998, que promulgou a Convenção.

O acordo internacional impôs uma meta, que deveria ser seguida por todo mundo que o ratificou, e, em paralelo, trouxe uma série de princípios jurídicos gerais que, somados aos princípios domésticos de cada Estado-Parte, deram todo o respaldo jurídico necessário para poder ser aplicado na prática. Para entenderem melhor, transcrevemos o artigo 2, no qual é definido o objetivo final da Convenção:

> Artigo 2. O objetivo final desta Convenção e de quaisquer instrumentos jurídicos com ela relacionados que adote a Conferência das Partes é o de alcançar, em conformidade com as disposições pertinentes desta Convenção, a estabilização das concentrações de gases de efeito estufa na atmosfera num nível que impeça uma interferência antrópica perigosa no sistema climático. Esse nível deverá ser alcançado num prazo suficiente que permita aos ecossistemas adaptarem-se naturalmente à mudança do clima que assegure que a produção de alimentos não seja ameaçada e que permita ao desenvolvimento econômico prosseguir de maneira sustentável.[13]

Esse objetivo final deveria ser sempre lembrado para que não haja distanciamento entre a conduta das Partes e o acordo inicial firmado na Conferência das Nações Unidas sobre Meio Ambiente e Desenvolvimento.

---

13 CONVENÇÃO-QUADRO DAS NAÇÕES UNIDAS SOBRE A MUDANÇA DO CLIMA. Editado e traduzido pelo Ministério da Ciência e Tecnologia com o apoio do Ministério das Relações Exteriores da República Federativa do Brasil.

Entretanto, nada impede que a Convenção – ou mesmo os acordos internacionais correlatos – tragam outros objetivos "menores". Alguns exemplos são a criação, pelas Nações Unidas, dos Objetivos de Desenvolvimento Sustentável (ODS), lançados em 2015 para acelerar a implementação da agenda de desenvolvimento sustentável até 2030. Também há um forte apelo para os países garantirem a gerações futuras o direito à sadia qualidade de vida, à transferência de tecnologia, entre outros.

Entre os princípios jurídicos acordados no texto da Convenção do Clima estão: o princípio da precaução; o da responsabilidade comum, porém diferenciada; o da informação; e o do desenvolvimento sustentável.

Foi nesse contexto que o artigo 7 da Convenção criou um dos encontros internacionais mais lembrados hoje no âmbito da pauta climática: a Conferência das Partes (*Conference of the Parties* – COP). A COP é, em teoria e na prática, o órgão supremo encarregado da avaliação da implementação da própria Convenção e dos instrumentos jurídicos adotados, além de ser responsável pelas decisões necessárias para que os países signatários cumpram suas promessas. As reuniões periódicas buscam o consenso entre as Partes nas decisões importantes que vão ditar as normas e a eficácia das determinações.

Quem nunca ouviu falar das COP? Em 2024, o que mais se falou foi da COP 30, que ocorrerá em Belém, no Pará, em 2025.

Protocolo de Quioto

Foi em uma Conferência das Partes, mais precisamente a terceira, em 1997, que os países assinaram o famoso Protocolo de Quioto. Reunidos na cidade japonesa de Quioto (no inglês, Kyoto), os representantes dos países fecharam um acordo para reduzir em no mínimo 5% as emissões de GEE em relação ao ano-base de 1990, na expectativa de mitigar a perigosa mudança do clima. Foi considerado o primeiro grande instrumento global com esse objetivo. A proposta inicial era bater a meta no período de 2008 a 2012.

A meta, porém, foi estipulada apenas para os países desenvolvidos e para aqueles "em transição" para a economia de mercado. Essa diferenciação entre os países consagra o princípio da responsabilidade comum, porém diferenciada, que leva em consideração as diferenças econômicas, históricas, políticas e sociais.

A principal contribuição do Protocolo de Quioto foi a mudança da estratégia utilizada para garantir o cumprimento do tratado internacional. O sistema baseado na punição – a exemplo do que ocorre nos tratados assinados no âmbito da Organização Mundial do Comércio (OMC) – é substituído por um sistema de benefícios e incentivos. Se uma abordagem não deu muito certo, era hora de tentar outra.

Mas por que o Protocolo de Quioto é um capítulo importante da história do crédito de carbono, o nosso principal foco neste livro? Foi nesse Protocolo que se buscou, com grande preocupação metodológica, encontrar uma definição técnica para créditos de carbono dentro do contexto da UNFCCC. Entendeu-se que o termo deveria representar o direito advindo das reduções de emissões de gases de efeito estufa. Quando certificadas, as reduções de emissões poderiam se tornar créditos de carbono.

Por isso, o nome formal e técnico do crédito é Redução Certificada de Emissão (RCE), conforme a redação do artigo 12.5 do Protocolo de Quioto:

> Artigo 12. [...]
> 5. As reduções de emissões resultantes de cada atividade de projeto devem ser certificadas por entidades operacionais a serem designadas pela Conferência das Partes na qualidade de reunião das Partes deste Protocolo, com base em:
> (a) Participação voluntária aprovada por cada Parte envolvida;
> (b) Benefícios reais, mensuráveis e de longo prazo relacionados com a mitigação da mudança do clima; e
> (c) Reduções de emissões que sejam adicionais as que ocorreriam na ausência da atividade certificada de projeto.[14]

As RCE eram contabilizadas por tonelada de dióxido de carbono equivalente (tCO_2e). Cada tonelada que não fosse emitida para a atmosfera corresponderia a um crédito de carbono, ou melhor, a uma RCE. Era dada a largada para a criação de projetos que busquem evitar no-

---

14 PROTOCOLO DE QUIOTO. Editado e traduzido pelo Ministério da Ciência e Tecnologia com o apoio do Ministério das Relações Exteriores da República Federativa do Brasil, 1997.

vas emissões ou capturar as que já estão no ar, contribuindo, assim, para o objetivo central de todas as reuniões e planos feitos até então: reduzir e estabilizar o volume de GEE e garantir a sobrevivência da humanidade no futuro.

Nesse sentido, vale analisarmos o que dispõe o artigo 3.1 do Protocolo de Quioto:

> Artigo 3.
>
> 1. As Partes incluídas no Anexo I devem, individual ou conjuntamente, assegurar que suas emissões antrópicas agregadas, expressas em dióxido de carbono equivalente, dos gases de efeito estufa listados no Anexo A não excedam suas quantidades atribuídas, calculadas em conformidade com seus compromissos quantificados de limitação e redução de emissões descritos no Anexo B e de acordo com as disposições deste Artigo, com vistas a reduzir suas emissões totais desses gases em pelo menos 5 por cento abaixo dos níveis de 1990 no período de compromisso de 2008 a 2012.

Esse era o grande escopo dos tratados internacionais sobre mudança do clima: **manter as concentrações dos GEE em níveis que não comprometessem o sistema climático.**

O Protocolo de Quioto, na esteira da nova estratégia para aumentar o engajamento dos países nos tratados internacionais, previu, em seu artigo 12, o **Mecanismo de Desenvolvimento Limpo (MDL).** Esse mecanismo se tornaria o principal instrumento do qual os países em desenvolvimento se valeriam para reduzir suas emissões de GEE e, após a certificação das reduções, comercializar os créditos de carbono gerados. De acordo com dados da UNFCCC, foram desenvolvidos mais de 7 mil projetos de MDL no planeta.[15]

O MDL buscava, assim, ao mesmo tempo, ajudar os países em desenvolvimento a promoverem crescimento econômico sustentável e auxiliar os países do Anexo I (desenvolvidos) a reduzirem suas emissões até o limite previsto no Anexo B do Protocolo de Quioto.

Por uma série de razões, contudo, o Protocolo de Quioto e o MDL falharam em sua missão. Uma delas é a própria falta de consenso entre as nações mais ricas e o esvaziamento do tratado quando os Esta-

---

15 UNFCC. CDM. *Activity search.*

dos Unidos, grande poluidor, não ratificou o acordo. O fato de ter deixado de fora das metas os países em desenvolvimento também foi visto como uma falha, uma vez que, nos anos seguintes à sua criação, China, Índia e Indonésia, por exemplo, despontaram no mundo sem controle de poluição. O balanço de muitos especialistas foi que o Protocolo de Quioto foi importante para colocar as bases para um novo acordo, mais sólido e bem pensado, mas não foi suficiente para ele mesmo resolver o problema.

Acordo de Paris

Os indícios de que o planeta estava aquecendo mais rápido do que o ideal e as projeções e percepções de que "vai dar ruim" se não fizermos algo urgente deram subsídio para a assinatura, em 2015, de um novo acordo global, mais uma tentativa de conseguir orquestrar uma movimentação em prol do clima e para frear o aquecimento global. Surgia, então, o chamado **Acordo de Paris**, vigente até hoje.

Para entrar em vigor, cada país precisava colocar o Acordo de Paris no *status* de lei nacional. O *start* seria dado quando isso fosse feito por um número de países que, somados, representassem em torno de 55% da emissão de gases de efeito estufa. Em 4 novembro de 2016, essa exigência foi atingida e ele passou a valer.

Hoje são 196 signatários, incluindo o Brasil, que representam mais de 96% das emissões. Em 2020, um susto: sob a administração de Donald Trump, os Estados Unidos, segundo maior emissor, atrás só da China e responsável, sozinho, por cerca de 11% das emissões de GEE no mundo, deixaram o Acordo de Paris. Quando Joe Biden ascendeu à presidência do país, em 2021, o país voltou ao acordo. A nova administração Trump, eleita em 2024, deixou novamente o acordo em janeiro de 2025. Dada a urgência das mudanças necessárias, isso compromete o resultado da proposta.

O compromisso de todos os signatários do Acordo de Paris é simples, porém complexo: limitar o aumento da temperatura a menos de 2 °C em relação à era pré-industrial e, se possível, a 1,5 °C. A meta mais ambiciosa, de 1,5 °C, é a que tem sido mais usada, ainda que, como vimos, seja pouco realista.

Prazo estabelecido por países para chegar ao *net zero*:

2035 Finlândia

2040 Áustria e Islândia

2045 Alemanha e Suécia

2050 Brasil, União Europeia,* Itália, Polônia, Países Baixos, Romênia, Bélgica, República Checa, Bulgária, Eslováquia, Croácia, Lituânia, Eslovênia, Letônia, Estônia, Chipre, Malta, Japão, França, Reino Unido, Coreia do Sul, Espanha, Canadá, Austrália, Colômbia, Suíça, Irlanda, Chile, Portugal, Hungria, Grécia, Nova Zelândia, Luxemburgo, Fiji e Cazaquistão.

2070 Nigéria

(*) Prazo acordado pelo bloco europeu. Países têm, porém, liberdade para definir suas metas internas e políticas de descarbonização para alcançar o compromisso da região

Cada país fica responsável por definir qual o tamanho do seu "calo", ou seja, quais as metas e o plano de redução de emissões, as chamadas Contribuições Nacionalmente Determinadas (NDC), que fazem sentido. Mas, óbvio, elas têm de estar alinhadas com o que se espera do país e o que é possível de fazer. Brasil, França, Reino Unido, EUA e Austrália são os países mais alinhados com o cenário de emissões líquidas zero projetado pela BloombergNEF em relatório divulgado em maio de 2024.[16]

Em 2023, o primeiro balanço global dos esforços mundiais no âmbito do Acordo de Paris foi concluído na COP 28, a conferência do clima das Nações Unidas que ocorreu em Dubai, nos Emirados Árabes. A mensagem foi clara: é preciso acelerar as ações em todas as áreas — mitigação, adaptação e financiamento — até 2030, se não "pode dar ruim". Isso significa que as NDC precisam ser mais ambiciosas.

Para limitar o aquecimento a 1,5 °C, requer uma redução de 60% nas emissões globais de gases de efeito estufa até 2035, em relação aos níveis de 2019. Com isso, também aumentou a pressão para que os governos ace-

---

16 MACHADO, Nayara. Brasil entre os países mais alinhados com *Net Zero*, mas fica para trás no hidrogênio, 2024.

lerem a transição dos combustíveis fósseis para energias renováveis, como a energia eólica, solar, de biomassa e biocombustíveis.

Há muito ainda em aberto no âmbito do Acordo de Paris, como a própria transferência de recursos de países desenvolvidos aos em desenvolvimento, mais vulneráveis aos eventos climáticos extremos e também mais pobres de recursos para investir na transição. Mas um passo relevante foi comemorado no final de 2024, na COP 29, em Baku, no Azerbaijão: o artigo 6 foi aprovado.

Uma das seções mais complexas do pacto é o estabelecimento de um mercado global de carbono, com países, empresas e indivíduos podendo negociar os chamados **Créditos de Emissões de Gases de Efeito Estufa**. É uma forma de todo mundo cooperar para atingir suas metas. Em 2024, uma boa notícia: o artigo 6.4, especificamente o que trata desse comércio global, e que está sob o guarda-chuva do artigo 6, foi aprovado durante a COP 29. Diferente dos anos de 2022 e 2023, dessa vez ele foi ratificado diretamente, sem passar pelo aval de todos os países-membros, justamente o que levou ao fracasso da aprovação nos anos anteriores. Mas ainda há um longo caminho de detalhamento até que as primeiras negociações saiam do papel.

O artigo 6.4 regula a venda de créditos de carbono dentro de um sistema da ONU. É aberta a possibilidade de desenvolvedores privados venderem seus ativos para que países cumpram suas metas de descarbonização. O texto da decisão contém as recomendações do Órgão Supervisor (SB, na sigla em inglês) que, em outubro de 2024, já havia descrito os critérios que devem nortear a escolha de metodologias de geração de créditos de carbono e de atividades de remoção de CO_2.

O Brasil é parte interessada nesse mercado regulado global de créditos de carbono, uma vez que é um dos lugares com maior potencial de geração de créditos de alta integridade. Parte deve ser usada para as metas nacionais, mas parte também pode ser direcionada ao comércio global, tanto em mercados regulamentados quanto os que operam com compra de créditos voluntariamente. Pelo menos é o que se espera.

Maria Belen Losada, responsável por Carbono no Itaú Unibanco, em entrevista aos autores do livro em maio de 2024, lembra que muitos países estão em busca de créditos com maior integridade. É o caso, por exemplo, dos Estados Unidos, onde não há um mercado regulado (apenas alguns estados, como o da Califórnia, têm legislação do tipo), e as empresas têm sido pressionadas – pelos investidores, por seus clientes e pela sociedade – a comprar créditos de carbono com maior integridade no mercado voluntário, ainda que mais caros.

Para ela, a regulação do mercado brasileiro – que acabou de sair do forno – é um passo importante para colocar o país na corrida global pelo comércio de emissões. Ela cita o exemplo de Singapura, que não conseguirá, por si só, fazer a transição energética necessária para chegar ao *net zero* e terá de se abrir para comprar créditos de outros países – uma oportunidade para o Brasil. Mas enfatiza que a regulação do mercado regulado de carbono no Brasil precisa ter credibilidade para o país e a indústria local ter isso como uma vantagem no exterior, e isso passa por incentivar as empresas a descarbonizarem suas operações. "O preço do carbono precisa entrar no balanço das empresas, no capex, no custo. Vai muito além de pôr um preço na tonelada [de CO_2e emitida]", afirma.

Paula Mello, com longa experiência na prática ambiental e sócia do escritório Pinheiro Neto, defende que o Brasil abra um diálogo com outros países e, em especial, com a União Europeia, para discutir a aceitação de metodologias, sejam internacionais sejam locais. Se isso não for acordado, disse em entrevista aos autores em abril de 2024, o país poderá ter dificuldade de contabilizar sua descarbonização nos produtos nacionais exportados e que encontram restrições quanto à sustentabilidade e descarbonização impostas pela União Europeia. Aponta:

> Precisa haver interlocução imediata do governo com a UE para validação dos nossos sistemas de "controle de emissões". Senão, teremos impactos comerciais não tão positivos em decorrência da implementação, por exemplo, do CBAM e de outras normas do *Green Deal* europeu que tratam de carbono-neutralização e compensação.

Isso é relevante, segundo ela, inclusive para a organização e construção de processos e requisitos documentais que se conversem.

Linha do tempo: histórico das Convenções do Clima até o Acordo de Paris

1. Convenção-Quadro das Nações Unidas sobre Mudanças Climáticas (UNFCCC)

- 1992: a UNFCCC foi criada durante a Conferência das Nações Unidas sobre Meio Ambiente e Desenvolvimento, conhecida como Rio 92, realizada no Rio de Janeiro. O tratado entrou em vigor em 1994 e estabeleceu o princípio das "responsabilidades comuns, porém diferenciadas", que exige que todos os países reduzam suas emissões de GEE, mas com esforços diferenciados para os países historicamente mais poluentes.
- Objetivo: estabilizar as concentrações de GEE para evitar interferências perigosas no sistema climático global.

2. Protocolo de Quioto

- 1997: assinado em Quioto, no Japão, este tratado foi o primeiro acordo internacional com metas de redução concretas para GEE. Entrou em vigor em 2005, após a ratificação por países responsáveis por pelo menos 55% das emissões de 1990.
- Metas: reduzir as emissões de GEE em 5,2% em relação aos níveis de 1990 durante o período de 2008 a 2012. Para o período seguinte (2013-2020), a meta foi de reduzir as emissões em pelo menos 18% abaixo dos níveis de 1990.
- Mecanismos: incluiu o Mecanismo de Desenvolvimento Limpo (MDL), que permitiu a países desenvolvidos comprar créditos de carbono de projetos em países em desenvolvimento.

3. Transição e Negociações para o Novo Acordo

- 2008-2012: durante a vigência do Protocolo de Quioto, o foco se voltou para negociações sobre um novo acordo global que substituísse o Protocolo após 2012. Esperava-se que a nova negociação fosse mais inclusiva e com metas mais ambiciosas.

4. Acordo de Paris

- 2015: o Acordo de Paris foi adotado na COP 21 em Paris. Esse tratado é uma evolução da UNFCCC e busca limitar o aumento da temperatura global a menos de 2 ºC acima dos níveis pré-industriais, com esforços para limitar o aumento a 1,5 ºC.
- Contribuições Nacionalmente Determinadas (NDC): todos os países, desenvolvidos e em desenvolvimento, devem apresentar e atualizar suas metas de redução de emissões (NDC) periodicamente. O Acordo também introduz a revisão e a atualização das metas a cada cinco anos, promovendo uma abordagem mais flexível e escalável para enfrentar as mudanças climáticas.

Inventário de carbono

Em teoria, tudo isso é promissor. Na prática, desafiador.

Um estudo da consultoria Kearney de junho de 2023[17] revela que o nível de maturidade das empresas brasileiras em relação ao *net zero* é baixo, apesar do crescente foco no clima. Das 38 empresas analisadas, as maiores

---

17   VIRI, Natália. Um retrato das metas *net zero* no Brasil em cinco pontos, 2023.

companhias do Brasil, mais da metade (53%), são consideradas "iniciantes" no processo de descarbonização, registrando, entre 2017 e 2021, um aumento de 6% em suas emissões de GEE.

Embora 89% delas tenham relatórios de sustentabilidade, apenas 60% têm metas de redução de emissões e só 47% estabeleceram um ano-meta para alcançar o *net zero*. Pouco mais da metade (58%) possui inventário de carbono seguindo padrões do GHG Protocol e 34% têm compromissos climáticos validados pela ciência, pelo Science Based Targets Initiative.

O estudo identificou cinco pontos principais:

1. **Setores intensivos**: empresas líderes estão em setores com altas emissões, como química e siderurgia, e conseguiram reduzir suas emissões. Setores como cimento e mineração ainda estão em estágios iniciais de descarbonização.
2. *Greenwashing*: algumas empresas implementam estratégias de descarbonização sem transparência adequada, enquanto outras falham na execução de suas metas, correndo risco de acusações de *greenwashing*. O *greenwashing* (ou "maquiagem verde") é a prática adotada por empresas que falam ser ambientalmente sustentáveis, mas, na prática, não são tão engajadas assim e, em muitos casos, nem praticam o que publicam.
3. **Pressão de bancos e investidores**: o acesso a investimentos e a melhoria da marca são os principais motivadores para a descarbonização, com as empresas se ajustando às regulações ambientais internacionais.
4. **Estratégias vencedoras**: aumentar a eficiência energética é comum, com líderes adotando práticas mais avançadas, como a revisão de processos e a gestão de cadeia de valor.
5. **Estratégias de compensação**: empresas ambiciosas no papel tendem a comprar créditos de carbono no mercado, enquanto líderes investem em projetos baseados na natureza, mantendo contato próximo com os projetos de compensação.

O estudo destaca ainda a necessidade de maior ação e transparência para que as empresas avancem em suas metas climáticas.

O papel tudo aceita. Mas a prática tem sido, como dá para ver, mais desafiadora. A ideia de pôr um preço – financeiro mesmo – no carbono emitido vem de uma tentativa de, de um lado, incentivar quem dedica tempo, dinheiro e esforços à remoção de carbono da atmosfera e/ou age para impedir que mais toneladas de emissões sejam despejadas no ar, e, de outro, oferecer a oportunidade de quem entende a importância do assunto como parte da estratégia de negócios e *marketing*, ou, como sabe que poderá ser cobrado lá na frente, compensar seu impacto no mundo. O mercado de carbono, voluntário ou regulado, nada mais é do que uma solução de transição, para que empresas, governos e pessoas entendam o desafio, criem maneiras de reduzir sua pegada de carbono e se ajustem aos novos tempos, a uma economia mais verde.

Como traduzir isso em compromissos e metas alcançáveis? Para tornar mais palpáveis os compromissos, foi criado o **Orçamento de Carbono Global** (*carbon budget*, no inglês). O nome "orçamento" já diz tudo: é quanto todos nós temos de "crédito" para emitir. Assim como em finanças, se ficarmos "em dívida", a meta de frear em 1,5 °C o aquecimento global fica cada vez mais distante, e correr atrás do prejuízo fica mais difícil.

É esse orçamento que os cientistas acreditam que pode acabar em até seis anos, se continuarmos na inércia das emissões atuais. Durante a COP 28, no fim de 2023, foi divulgada a estimativa de que a chance de ultrapassarmos o nosso teto do orçamento em até sete anos era de 50%.

Para entender o tamanho do buraco de cada um (a pegada de carbono), é preciso medir o inventário de carbono. Ele funciona como uma prestação de contas periódica, um raio X da situação, e inclui todas as emissões de GEE. Se fizéssemos de uma pessoa, por exemplo, iríamos medir a quantidade de gasolina que abastece o carro; o uso de energia não renovável para trabalhar e assistir a seu seriado; o consumo de produtos que são muito emissores (como carne de boi); a quantidade de embalagens plásticas; os apartamentos e casas que tem cm seu nome e as reformas que fez; o volume de lixo com descarte incorreto, entre muitos outros itens. A mesma lógica vale para empresas, cidades, estados e países.

Esse é o primeiro passo para construirmos um **mercado de negociação de carbono**. No Brasil, por exemplo, essa medida começa a ganhar escala, com investidores e clientes passando a pedir informações sobre o assunto às grandes companhias, e essas grandes empresas, por sua vez, puxando o bonde dos fornecedores, muitos de menor porte. O efeito cascata tende a ser relevante, e agora, com a aprovação do mercado regulado de carbono, a expectativa é ainda melhor.

Raio-X do *net zero*
Compromissos de descarbonização das maiores empresas brasileiras

Figura 8 Raio X do *net zero*: compromisso de descarbonização das maiores empresas brasileiras.
Fonte: adaptada de VIRI, 2023.

Yuri Rugai Marinho, CEO da ECCON Soluções Ambientais e coautor deste livro, em uma entrevista a Naiara Bertão, também coautora do livro, para o portal de jornalismo climático *Um Só Planeta*,[18] comentou:

> Embora ainda seja necessário um decreto regulamentador e, eventualmente, normas adicionais que detalhem aspectos mais técnicos (por meio de resoluções, portarias etc.), o PL, que será convertido em lei federal, pode acelerar a descarbonização do Brasil porque colocou na mesa as regras do jogo.

Ainda que pontas soltas precisem ser resolvidas com a regulamentação posterior, em geral, a proposta aprovada (Lei n. 15.042/2024) foi bem-aceita por especialistas. "Com certeza contribui para a descarbonização", enfatizou Rafael Feldmann, sócio do Cascione e especialista em Direito Ambiental, a uma reportagem sobre a repercussão da aprovação

---

18 BERTÃO, Naiara. Especialistas veem com bons olhos texto que regulamenta o mercado de carbono no Brasil, 2024.

do Projeto de Lei do Mercado Regulado de Carbono, em novembro de 2024, ao portal de jornalismo climático *Um Só Planeta*.[19] Explicou:

> Tão somente o cumprimento da lei já contribui, pois cerca de 5.000 agentes terão metas específicas de redução de emissões. Entretanto, existe um efeito dominó positivo, o qual seria exatamente a estimulação da compra e venda de emissões como um todo.

A expectativa de movimentar a economia também aumentou. Estudo da Câmara de Comércio Internacional (ICC Brasil), em parceria com a consultoria WayCarbon, de 2021, já apontava para uma oportunidade de o país gerar em torno de 1 bilhão de toneladas de CO_2 equivalente em créditos de carbono e, com sua comercialização, obter receitas de US$ 100 bilhões até 2030. Isso em três setores-chave: agropecuário, florestas e energia.[20]

---

19 BERTÃO, Naiara. Especialistas veem com bons olhos texto que regulamenta o mercado de carbono no Brasil, cit.

20 RITTNER, Daniel. Créditos de carbono podem render US$ 100 bi ao Brasil, aponta estudo, 2021.

Capítulo 2

Como funciona o mercado de carbono

Se você chegou a este ponto do livro, provavelmente já entendeu que **a principal finalidade do mercado de carbono é acelerar a descarbonização do planeta**. Mas, como você pode imaginar, existem várias atividades indispensáveis para a vida humana que não conseguirão zerar suas emissões de gases de efeito estufa (GEE) – pelo menos não no prazo apertado que temos. Algumas ainda esbarram em barreiras tecnológicas, como captura e armazenamento de carbono, melhoria e substituição de materiais e processos em setores difíceis e complexos de descarbonizar, chamados de *hard to abate*. Cimento, óleo e gás, mineração e siderurgia são alguns dos exemplos. Isso significa que elas precisam buscar uma compensação, ou seja, diminuir as emissões fora de suas atividades. Aí entra o mercado de carbono.

Mercado de carbono é o termo usado para definir o conjunto de instrumentos de compensação de emissões de GEE em que são negociados os chamados **créditos de carbono**. Como já vimos, tudo começou no Protocolo de Quioto, em 1997, que permitia que organizações situadas em países em desenvolvimento gerassem Reduções de Emissões. Com o passar do tempo, outras definições foram sendo trazidas nos novos acordos firmados entre os países, sendo o principal deles o Acordo de Paris, assinado em 2015.

Há um grande número de instituições e profissionais que pode atuar nesse mercado, com destaque para:

a) **Governos e organismos reguladores:** são responsáveis por criar direitos e obrigações, estabelecer regras e padrões, definir limites de emissões de GEE para os diferentes setores, monitorar resultados e aplicar sanções.

b) **Emissores de GEE:** são a principal razão da existência do mercado de carbono, pois emitem gases de efeito estufa. O nível de emissões depende da atividade desenvolvida. Podem ser obrigadas a reduzir suas emissões ou a compensá-las, conforme a regulação.

c) **Desenvolvedores de projetos de carbono:** são instituições especializadas em encontrar soluções de descarbonização e desenvolver projetos que reduzem ou removem GEE da atmosfera. Seguem metodologias próprias ou de terceiros para medir, reportar e verificar seus resultados, gerando créditos de carbono que são levados para negociação com instituições emissoras de GEE, investidores ou demais interessados. No Brasil, os principais projetos de carbono estão relacionados a soluções baseadas na natureza, a exemplo da conservação de vegetação nativa, restauração e agricultura sustentável *(A ECCON Soluções Ambientais, empresa do coautor deste livro, por exemplo, insere-se no rol de desenvolvedores de projetos de carbono do Brasil.)*

d) **Plataformas de negociação e bolsas de carbono:** são plataformas criadas para facilitar a venda e a compra dos créditos de carbono entre os diferentes participantes do mercado. Sua atuação é importante para a redução de custos de transação, mapeamento do volume de créditos negociados, preços, partes envolvidas e resultados climáticos alcançados.

e) **Certificadores independentes:** são instituições que criam regras metodológicas para o desenvolvimento de projetos. Buscam criar metodologias e processos que garantam ganhos climáticos e conferem credibilidade aos créditos gerados. As certificações mais presentes no território brasileiro são a Verra, a Gold Standard, a Social Carbon e o antigo *Clean Development Mechanism* (CDM ou, em português, Mecanismo de Desenvolvimento Limpo – MDL).

f) **Investidores e fundos de investimento:** trazem recursos para o desenvolvimento de projetos e de empresas que trarão soluções de descarbonização. Podem investir no mercado como uma oportunidade de retorno financeiro ou de responsabilidade social corporativa.

g) **Organizações não governamentais e sociedade civil:** atuam como vigilantes e defensoras da qualidade do meio ambiente. Têm atuação relevante nos debates internacionais entre os países – com participação crescente nas conferências das partes da Convenção do Clima –, nas discussões dos impactos dos projetos de carbono em comunidades e na busca de soluções para os prejuízos climáticos aos grupos mais vulneráveis.

Um mercado de carbono pode conter regras formais definidas em regulamentos (leis, decretos, portarias) – e aí se torna um **mercado regulado** – ou não conter regulamentação e funcionar de forma descentralizada e baseada nas vontades das partes envolvidas – sendo, nesse caso, um **mercado voluntário**.

Mercado voluntário

Até que haja uma regulamentação, todo mercado é, por essência, voluntário. Ou seja, funciona com base na vontade das partes e nas circunstâncias de oferta e demanda. Como poucos países regulamentaram seus mercados, podemos dizer que a maior parte do mundo conta com sistemas voluntários de negociação de créditos de carbono.

Nesse contexto, cada instituição pública ou privada pode, se assim desejar, fazer um inventário de GEE e, a partir disso, criar suas metas de descarbonização e reduzir suas emissões e/ou comprar créditos de carbono para compensação. Para encontrar créditos, deve buscar projetos de carbono que tenham sido desenvolvidos e reconhecidos por alguma instituição especializada ou certificadora e negociar diretamente a compra do volume necessário.

O gerenciamento de emissões e a compensação de emissões residuais (aquelas que não podem ser evitadas), prática chamada de *offsetting*, estão diretamente relacionados às questões de responsabilidade corporativa, social e ambiental (da sigla em inglês ESG: *Environmental, Social and Governance*). Algumas empresas, principalmente multinacionais e de grande porte, estão avançando em três frentes simultaneamente: as emissões das suas operações em si (chamado pela metodologia do GHG Protocol, considerado o Escopo 1); as fontes de energia que usam (Escopo 2); e o impacto da sua cadeia de fornecedores, do pós-venda e todas as emissões indiretas ligadas a seu funcionamento (Escopo 3). O que elas não conseguem mitigar, podem compensar investindo nos créditos, que, posteriormente, quando forem contabilizados em seu balanço de carbono, serão aposentados – termo usado para se referir ao uso definitivo do crédito na conciliação das emissões e que, na prática, significa que ele não pode ser mais usado.

É um sistema interessante para a apresentação ao mercado de organizações como agentes conscientes de sua necessária contribuição para transição a uma economia de baixo carbono. Nota-se que organizações também vêm investindo em projetos ambientais diversos para contribuir com as reduções de emissões, sem, no entanto, usar essas reduções para compensar formalmente as emissões geradas pelas suas atividades, o que só pode ser feito em projetos de carbono mediante a verificação de uma agência metodológica séria.

A ascensão do conceito de ESG fomentou ainda mais o potencial do mercado voluntário de carbono. A pressão para que companhias sejam ambientalmente responsáveis é crescente por parte dos seus *stakeholders*, que dão preferência à compra de produtos de empresas alinhadas às práticas de ESG. A transparência e a divulgação de informações relativas a práticas ambientais, sociais e de governança também são, frequentemente, obrigações previstas em lei. No Brasil, apesar de existirem lacunas legislativas sobre o tema, observa-se que, cada vez mais, as empresas estão sendo convocadas a publicarem informações relacionadas às práticas de ESG.

O mercado voluntário é formalmente reconhecido pela ONU como frente necessária para acelerar os resultados climáticos, principalmente em razão da lentidão, complexidade e alto custo das negociações entre países signatários da Convenção do Clima.

Nesse sentido, uma série de instituições e iniciativas foi sendo desenvolvida ao longo dos anos para buscar aperfeiçoamento e maior clareza para a medição de emissões, critérios de elegibilidade de projetos de carbono, regras de compensação etc. Vale citar, nessa linha, as certificadoras Verra (Estados Unidos), Gold Standard (Suíça) e Global Carbon Council (GCC, do Catar).

Também podemos mencionar a iniciativa Science Based Targets (SBTi), que mobiliza as empresas para que adotem metas baseadas na ciência para a redução de suas emissões de GEE. E, por fim, a Voluntary Carbon Markets Integrity Initiative (VCMI) e o Integrity Council for the Voluntary Carbon Market (ICVCM). A VCMI é uma organização dedicada a promover a transparência e a integridade no mercado voluntário de carbono, enquanto o ICVCM é uma entidade independente que visa fortalecer a governança e a integridade do mercado voluntário de carbono.

Em 2021, o mercado voluntário atingiu seu pico, com um valor total de transações próximo de US$ 2 bilhões. No entanto, entre 2021 e 2022, o volume de créditos de carbono voluntários negociados caiu pela metade e seguiu em queda durante 2023.

Os créditos associados a soluções baseadas na natureza, como projetos de uso da terra e agricultura, foram os mais significativos entre esses números. Foram esses créditos que também tiveram aumentos substanciais em seus preços, impulsionados pela demanda por benefícios ambientais e sociais adicionais, além da mitigação de gases de efeito estufa em si.[1]

O Brasil, até a publicação da Lei n. 15.042/2024, só tinha mercado voluntário. Agora, com a regulação do mercado e a criação do SBCE, as negociações de créditos de carbono deverão seguir regras específicas e o volume de transações tende a subir consideravelmente.

Mercado regulado

A partir do momento em que um país cria regras para seu mercado de carbono, nasce um mercado regulado. E, quando o artigo 6 do Acordo de Paris for detalhado, teremos um mercado regulado internacional de carbono no planeta.

José Guilherme Amato, gerente de Negócios de Carbono da Auren Energia, em entrevista aos autores em maio de 2024, comentou:

> Ano após ano, as COP discutem ações para frear o aquecimento global em até 1,5 °C. Temos o diagnóstico e, mas estamos muito aquém da meta estipulada pelo Acordo de Paris. A corrida em relação ao combate às mudanças climáticas deve ser incrementada porque o mundo pede socorro

Para o executivo, o mercado regulado é um instrumento poderoso para ajudar os países a alcançarem suas metas de emissões.

Amato também apontou que o Brasil já está atrasado perante outros países na regulação, e diz que o Brasil segue sendo pressionado para ter

---

1 BLAUFELDER, Christopher *et al.* A blueprint for scaling voluntary carbon markets to meet the climate challenge, 2021.

um mercado regulado de carbono. "Podemos ser o maior mercado de carbono da América Latina; o ponto é o *timing* disso", afirmou. E reforça que idealmente o país terá de acelerar o tempo de implementação para não deixar para 2030. "Deveríamos encurtar caminhos e ter uma regulação mais efetiva e implementada em menos tempo."

O mercado de carbono regulado é um dos mecanismos utilizados por países para penalizar e/ou incentivar sua redução de emissões pelos setores econômicos. Segundo o Banco Mundial, existem 75 jurisdições, como a União Europeia e o governo da Califórnia, nos Estados Unidos, que adotam a precificação do carbono.

A regulação dos mercados, tradicionalmente, ocorre com a criação de um sistema de **cap and trade** ou com a **taxação de emissões de GEE**. A Figura 1, retirada de matéria de Beatriz Bulla, Luciana Dyniewicz e Daniel Nardin, do *Estadão*,[2] ilustra a situação da regulação de mercados em diferentes países do mundo (Figura 1).

O mercado regulado mais antigo é da União Europeia, chamado de European Union Emissions Trading Scheme (EU ETS), e foi criado em 2005. É, também, um dos maiores mercados regulados, ao lado do chinês. Trata-se de uma ferramenta fundamental da política climática da União Europeia, baseada no princípio de *cap and trade*. Foi estabelecido um limite (*cap*) para as emissões de gases de efeito estufa de setores específicos, como energia e indústria, que é reduzido ao longo do tempo. As empresas recebem ou compram permissões de emissão, que podem ser negociadas (*trade*).

O EU ETS busca diminuir as emissões de GEE, trazer incentivo financeiro para tecnologias limpas e apoiar a transição para uma economia de baixo carbono.[3] Está atualmente em sua quarta fase (2021-2030) e tem a expectativa de conectar seu sistema de comércio de emissões com outros sistemas globais. O EU ETS teve êxito em reduzir as emissões de GEE dos setores cobertos: em 2020, as emissões foram 37% menores em comparação a 2005.

A China buscou, em 2021, criar seu mercado regulado, também no modelo ETS (*cap and trade*). Maior emissor de GEE do mundo, o país buscou inicialmente cobrir o setor de energia, responsável por 40% das emissões

---

2   BULLA, Beatriz; DYNIEWICZ, Luciana; NARDIN, Daniel. "Fazendas de carbono", uma oportunidade de US$ 15 bi ao Brasil, começam a mudar paisagem na Amazônia, 2024.

3   EUROPEAN COMMISSION. *What is the EU ETS?*, 2024.

Como funciona o mercado de carbono

Mercado mapeado
Como está o desenvolvimento do mercado de crédito de carbono no mundo

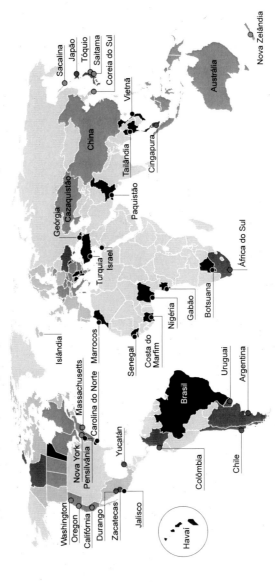

Figura 1 Mercado mapeado.
Fonte: adaptada de Banco Mundial.

nacionais, para depois expandir aos outros setores.[4] Atualmente, envolve os segmentos de indústria de cimentos, aço e petroquímica.[5]

Projetos de carbono

Os projetos de carbono são iniciativas planejadas para gerar *redução* ou *remoção* de emissões de GEE. Um projeto *reduz* emissões quando promove eficiência energética, altera tecnologias, substitui um combustível por uma fonte menos poluente, conserva a vegetação, viabiliza práticas mais sustentáveis etc. O objetivo é reduzir a quantidade de GEE lançado na atmosfera.

Por outro lado, um projeto de carbono *remove* emissões quando retira GEE da atmosfera. É o que ocorre, por exemplo, na restauração de áreas degradadas e no emprego de tecnologias de captura e armazenamento.

Os projetos de redução e remoção de emissões de GEE podem ter diferentes modalidades conforme a técnica utilizada, a metodologia aplicada e os objetivos climáticos. As principais modalidades são:

a) **Projetos florestais:** envolvem a gestão de florestas para redução ou remoção de emissões, considerando reflorestamento, conservação e manejo sustentável. São também conhecidos pela sigla AFOLU, do termo em inglês *Agriculture, Forestry, and Other Land Uses*. A conservação de florestas é uma das iniciativas de melhor custo-benefício para o alcance de soluções climáticas, além de essencial para a manutenção da biodiversidade, redução da temperatura e disponibilidade hídrica. Para o reflorestamento, o nome técnico mais utilizado é *Afforestation, Reforestation, and Revegetation* (ARR). Na conservação, modalidade mais desenvolvida no Brasil, utilizamos o termo *Reducing Emissions from Deforestation and Forest Degradation (REDD)*. Por fim, o manejo florestal sustentável pode estar atrelado a diferentes iniciativas de agricultura sustentável (*Agricultural Land Management* – ALM e *Improved Forest Management* – IFM).

b) **Energia renovável:** promovem a geração de energia a partir de fontes renováveis, como solar, eólica, hidrelétrica e biomassa. Essas fontes de energia produzem menos ou nenhuma emissão de CO_2

---

4   CAN CHINA'S NEW CARBON MARKET TAKE OFF?, 2021.
5   CLIMATE CHANGE MONTHLY UPDATE: June 2024, 2024.

durante sua operação em comparação com os combustíveis fósseis, contribuindo assim para a redução das emissões. Essa é uma das modalidades pioneiras de projeto de carbono, no antigo sistema CDM, mencionado anteriormente neste livro.

c) **Eficiência energética:** melhoram a eficiência no uso de energia em edifícios, indústrias, transportes e outras áreas. Podem incluir a adoção de tecnologias mais eficientes, a implementação de práticas de gestão de energia e a redução do desperdício energético.

d) **Captura e armazenamento de carbono**: envolvem a captura de GEE diretamente de fontes industriais ou da atmosfera e seu subsequente armazenamento em reservatórios geológicos, oceânicos ou outras formas de armazenamento. Essa modalidade é conhecida no termo em inglês *Carbon Capture and Storage* (CCS).

e) **Manejo de resíduos:** buscam reduzir as emissões de metano provenientes de aterros sanitários, tratamento de águas residuais e outras fontes de resíduos orgânicos. Pode ser feito por meio da captura e queima controlada do metano ou da conversão dos resíduos em biogás ou composto.

f) **Carbono no solo:** práticas agrícolas sustentáveis capazes de aumentar o armazenamento de carbono no solo, como o plantio direto, rotação de culturas e agrofloresta. Além de contribuir com a mitigação das mudanças climáticas, melhoram a saúde do solo, sua produtividade agrícola e resiliência às mudanças climáticas.

A definição dos tipos de projetos é bastante técnica, por isso pode variar conforme os entendimentos científicos, as metodologias adotadas e as certificadoras escolhidas.

Uma figura bastante relevante nesse contexto é a **desenvolvedora de projetos de carbono**, que é a instituição responsável por todo o trabalho técnico e metodológico. É quem tem capacidade técnica e científica para encontrar soluções de descarbonização nos diferentes casos práticos, aplicar as metodologias adequadas, aplicar ou desenvolver a tecnologia correta, redigir complexos relatórios, lidar com *stakeholders* e produzir toda a documentação necessária para um projeto de carbono poder ser desenvolvido.

No Brasil, há uma série de desenvolvedoras de projetos já com anos de experiência no assunto, como ECCON Soluções Ambientais, Carbonext, Waycarbon e Ambipar. Outras mais novas, mas trabalhando em áreas promissoras, como Mombak, re.green, Courageous Land, BRCarbon, entre outras, estão em fase de desenvolvimento.

A notícia anunciada em maio de 2024 pelo Ministério do Meio Ambiente e Mudança do Clima e detalhada pelo Banco Nacional de Desenvolvimento Econômico e Social (BNDES) em junho do mesmo ano trouxe mais luz ao tema. A ideia é criar o projeto Arco da Restauração na Amazônia, um programa para recuperar 24 milhões de hectares da floresta tropical brasileira, do Acre ao Pará.[6] Ao todo, a iniciativa deve movimentar cerca de R$ 204 bilhões até 2050. A primeira fase do projeto prevê restaurar 6 milhões de hectares até 2030, a um custo de US$ 10 bilhões. A ideia é posicionar o país como líder na preservação de florestas no mundo.

Vamos listar a seguir alguns exemplos de projetos de carbono desenvolvidos no Brasil para ilustrar as potencialidades e a diversidade que nosso país abriga.

Projetos de carbono desenvolvidos pela ECCON

A ECCON Soluções Ambientais desempenhou um importante papel no mercado brasileiro, carente de empresas nacionais sofisticadas. Tradicionalmente, os projetos e as operações relevantes desenvolvidos no Brasil acabavam contando com consultorias ambientais estrangeiras. A partir de 2014, a ECCON rapidamente ocupou esse espaço e passou a ser uma contratação estratégica de grandes grupos econômicos.

Em 2017, a empresa iniciou uma parceria com a Reservas Votorantim, empresa do grupo Votorantim, para a busca de soluções econômicas em áreas conservadas localizadas no Estado de São Paulo. Em 2018, a parceria se estendeu para territórios conservados localizados nos biomas Mata Atlântica e Cerrado. Nesse momento, começaram a ser desenvolvidos um projeto de REDD (que se tornou o REDD Cerrado) e um projeto de Pagamento por Serviços Ambientais (que se tornou o PSA Carbonflor). Nos anos seguintes, a parceria seguiu se expandindo e os REDDs passaram a integrar os biomas do Pantanal, Amazônia e Caatinga. Foi, também, criado outro projeto de PSA chamado PSA Carbon Agro Perene.

Os projetos de carbono desenvolvidos pela ECCON buscam benefícios ambientais, sociais e econômicos gerados pela proteção de uma flores-

---

6   ROSA, Bruno. Brasil pode liderar projetos de preservação de florestas no mundo, com Arco da Restauração na Amazônia, diz BNDES, 2024.

ta viva e saudável, tais como regulação do microclima, regulação da qualidade do ar, manutenção da biodiversidade, manutenção da perenidade dos rios, manutenção da qualidade da água, manutenção da vida aquática, manutenção de estoque de carbono, fortalecimento de comunidades locais, fomento ao mercado brasileiro de carbono, geração de empregos por sistemas agroflorestais, ecoturismo, guarda e monitoramento e geração de renda através do turismo local pela maior atratividade cênica.

A premissa básica dos projetos de REDD é evitar o desmatamento, que pode ser classificado de duas formas: (i) evitar a supressão legal de áreas excedentes à Reserva Legal (RL) e à Área de Preservação Permanente (APP), o que a Verra chama de APD (*Avoided Planned Deforestation*); e (ii) evitar o desmatamento e a degradação ilegais, ou seja, aquele que ocorre nas áreas de RL e APP dos imóveis, o que a Verra chama de AUDD (*Avoided Unplanned Deforestation*).

O volume de créditos gerado por uma propriedade é estimado a partir da aplicação metodológica que considera a área passível de APD e AUDD, condições locais e pressão por desmatamento, a adicionalidade, as características e a capacidade de armazenamento de carbono da floresta (em seus componentes: biomassa acima e abaixo do solo e madeira morta). De modo geral, o desmatamento evitado é convertido em emissões evitadas de toneladas de dióxido de carbono equivalente (tCO_2e), que correspondem a unidades de créditos de carbono verificadas que podem ser negociadas no mercado voluntário.

Para a seleção de imóveis que vão integrar os projetos de REDD, são exigidas as seguintes premissas:

a) Estar localizado em um bioma de um dos projetos (até a publicação deste livro, eram Cerrado, Amazônia ou Pantanal) e apresentar extensão mínima de: (i) Bioma Amazônia: acima de 10.000 hectares, (ii) Bioma Cerrado: acima de 15.000 hectares e (iii) Bioma Pantanal: acima de 10.000 hectares.

b) Conter vegetação nativa conservada há mais de 10 anos.

c) Exceto para imóveis localizados no bioma Pantanal, apresentar cobertura florestal de vegetação nativa sem sobreposição com áreas úmidas ou inundadas.

d) Não apresentar atividade de colheita de madeira há mais de 10 anos na área a ser conservada.

e) Não estar sobreposto a áreas de assentamento rural.

f) Não estar sobreposto a áreas declaradas como de utilidade pública.

g) Não estar sobreposto a Unidades de Conservação criadas anteriormente à data do título de posse, exceto no caso de Refúgio da Vida Silvestre, Monumento Natural e Área de Proteção Ambiental (APA).

h) Não estar sobreposto a áreas federais ou estaduais protegidas, tais como terras indígenas ou quilombolas.

i) Possuir documentação fundiária completa e regular.

Para a gestão dos projetos de carbono, assim como o monitoramento de eventuais mudanças no uso da terra nos imóveis, a ECCON utiliza sistemas de informações geográficas (SIG) e bancos de dados geográficos associados. A aplicação dessas técnicas de geoprocessamento também facilita o estudo e a medição dos serviços ecossistêmicos dentro de uma área de estudo.

O cálculo do estoque de carbono é realizado, inicialmente, com o cruzamento de bancos de dados geográficos, considerando cada fitofisionomia florestal, que será convertida em biomassa e em seguida em carbono.

Para a análise da situação da floresta, utilizam-se imagens multitemporais de satélites de alta resolução e composições de bandas específicas para mapeamento do uso e cobertura do solo. O mesmo processo é feito para a identificação de áreas queimadas e degradadas.

Para a definição da linha de base do projeto (cenário de emissões de GEE que ocorreria na ausência do projeto), a ECCON analisa conjuntos de dados como informações de uso e cobertura do solo em nível nacional ao longo de 10 anos; identificação de fitofisionomias e pedologia da área avaliada; dados de levantamento nacional sobre desmatamento e queimadas; dados de hidrografia refinada, a fim de mapear APP; extração em ambiente SIG da altitude e relevo das áreas a fim de conhecer e identificar possíveis APP de topo de morro ou outras; análise de imagens de alta resolução e multiespectrais para identificar regiões com cicatrizes de queimadas ou áreas degradadas e áreas não florestadas.

Além da área específica do projeto, são mapeadas, ainda, regiões de aspectos biofísicos semelhantes. Esse mapeamento identifica os principais vetores de conversão de uso do solo de determinada região e auxilia na modelagem de prospecção e velocidade de potencial degradação da área, caso o projeto não seja implementado. Centenas de ferramentas de geoprocessamento são aplicadas em um projeto de carbono para medir e entender os serviços ecossistêmicos em que a área está inserida.

Como você pôde perceber, há um grande número de detalhes técnicos que precisa ser analisado. Na ECCON, esse trabalho é feito em conjunto por profissionais das áreas de Cartografia, Direito, Biologia, Engenharia Ambiental, Engenharia Florestal, Antropologia, Economia e Geografia, entre outras.

Vamos relatar, na sequência, características adicionais dos projetos de REDD da ECCON para que você, leitor, consiga visualizar o ritmo desses projetos e entender como funcionam na prática.

REDD Carbonflor

Havia um número considerável de imóveis apresentados à ECCON que estavam na fronteira do Cerrado e da Amazônia, principalmente nos Estados de Mato Grosso, Tocantins e Maranhão. Se você buscar no mapa de biomas do Brasil, vai notar que esses dois biomas são vizinhos na região norte do país.

Embora ainda exista uma grande extensão de áreas conservadas nas regiões Centro-Oeste e Norte do país, a rápida expansão do agronegócio provavelmente resultará na conversão dessas áreas e na supressão das florestas, caso a conservação não seja uma opção viável e rentável. Os proprietários e proprietárias de imóveis nessas áreas nos buscam para entender quais as perspectivas de negócios com conservação e quais as vantagens e desvantagens em relação à agropecuária.

Informações geradas pelo Instituto Nacional de Pesquisas Espaciais (INPE)[7] sobre o monitoramento da cobertura florestal nos biomas Cerrado e Amazônia apontam para o aumento das taxas de desmatamento desde 2012. Para o Bioma Cerrado, a taxa anual de desmatamento foi de 7.905,16 km^2 em 2021 (1º de agosto de 2020 a 31 de julho de 2021), um aumento de 7,9% em relação ao dado anterior, de 2020. Para o bioma amazônico, o desmatamento chegou a 13.235 km^2 em 2021 (1º de agosto de 2020 a 31 de julho de 2021). Isso representa um aumento de 21,97% em relação ao dado anterior, de 2020. A conservação torna-se ainda mais relevante considerando que esses biomas apresentam as maiores taxas de desmatamento do país. Os aumentos do desmatamento observados em 2021 no Cerrado e na Amazônia corroboram o avanço da atividade de

---

7   MINISTÉRIO DA CIÊNCIA, TECNOLOGIA E INOVAÇÃO. *Home page*. Disponível em: https://www.gov.br/inpe/pt-br.

desmatamento em florestas naturais no Brasil, o que deixa em ponto próximo para alcançar o desequilíbrio dos sistemas naturais, que afeta o fornecimento de energia, água e segurança alimentar no Brasil e no mundo.

Nesse contexto, decidimos criar um projeto de carbono envolvendo os dois biomas.

O REDD Carbonflor ganhou esse nome porque remete a "carbono" e "floresta". Daí "Carbonflor". É um projeto que reúne diferentes fazendas conservadas nos biomas Amazônia e Cerrado do Brasil. A marca "Carbonflor" foi, depois, utilizada no projeto PSA Carbonflor, que será explorado mais à frente neste livro, e continua a ser aplicada como base para novas ideias e projetos da ECCON.

O projeto foi apresentado à certificadora Verra e busca proteger a floresta e a biodiversidade que estão sob pressão de desmatamento e degradação no Cerrado e na Amazônia, com o intuito de obter certificações VCS (*Verified Carbon Standard*) e CCB (*Climate, Community and Biodiversity*), atuando efetivamente para obter cobenefícios e impactos positivos nos três pilares de clima, comunidade e biodiversidade.

Um dos principais desafios desse projeto, no contexto internacional, é demonstrar que o Cerrado é uma floresta e tem volume relevante de biomassa. Quando um estrangeiro visualiza ou analisa as formações vegetais e fitofisionomias do Cerrado, tem a sensação de que não se trata de uma floresta e que, portanto, não deveria estar contemplado em um projeto florestal de carbono.

Ao analisar os cálculos de biomassa, um auditor estrangeiro passa, também, a questionar os valores, pois tem a sensação de que os números não refletem a realidade visual.

A questão – e talvez você que está lendo este livro nem saiba disso – é que o Cerrado funciona como se fosse uma floresta de ponta-cabeça: a maior parte da biomassa está abaixo do solo, longe dos nossos olhos.[8] Na Amazônia e na Mata Atlântica, florestas mais conhecidas, nossos olhos conseguem ver a maior parte da biomassa, pois as raízes não têm impacto significativo na conta. Mas no Cerrado o cálculo é inverso.

Ao longo da validação do REDD Carbonflor perante a certificadora, os profissionais da ECCON tiveram que demonstrar cientificamente es-

---

8 GARCIA, Rafael. Entenda como "floresta invertida" do Cerrado armazena carbono no subsolo e mantém equilíbrio hídrico, 2024.

ses aspectos e, para isso, valeram-se de estudos acadêmicos, dados de bases públicas e tecnologia satelital e drones.

Até a publicação deste livro, o REDD Carbonflor envolveu três propriedades localizadas nos Estados de Goiás, Mato Grosso do Sul e Acre. Juntas, essas três áreas conservadas evitarão a emissão de mais de 3 milhões de tCO_2e durante os 40 anos previstos do projeto.

REDD Pantanal

Depois do sucesso da ECCON em implantar, de forma inédita, projetos de carbono no bioma Cerrado, foram recebidos inúmeros pedidos para se encontrar soluções semelhantes para o bioma Pantanal, que tem sido bastante impactado pelas mudanças climáticas, com secas severas e queimadas.

Informações do Relatório Anual de Desmatamento do Brasil, realizado pelo MapBiomas[9] sobre o monitoramento da cobertura florestal no bioma Pantanal, indicam que a supressão da vegetação nativa no Pantanal atingiu níveis elevados nos últimos anos. A taxa anual de desmatamento no bioma foi de 31.211,7 hectares em 2022 (1º de janeiro a 31 de dezembro de 2022), com velocidade média de desmatamento de 85,5 hectares por dia, resultando em um aumento de 8,2% em relação a 2021.

Os aumentos do desmatamento observados em 2022 no Pantanal corroboram o avanço da atividade de desmatamento em florestas naturais no Brasil, colocando-nos em um momento crítico de desequilíbrio nos sistemas naturais e afetando a provisão de energia, água e segurança alimentar no Brasil e no mundo.

O REDD Pantanal foi criado com a intenção de agrupar atividades múltiplas e buscar certificação na Verra. Assim como o REDD Carbonflor busca proteger a floresta e a biodiversidade que estão sob pressão de desmatamento e degradação e obter certificações VCS e CCB.

Até a publicação deste livro, o REDD Pantanal envolveu duas propriedades localizadas no Estado de Mato Grosso do Sul. Juntas, essas áreas conservadas evitarão a emissão de mais de 7 milhões de tCO_2e durante os 40 anos previstos do projeto.

---

9   MAPBIOMAS BRASIL. *Home page.* Disponível em: https://brasil.mapbiomas.org.

Pagamento por Serviços Ambientais

Em paralelo ao mercado de carbono que conhecemos hoje, em seus formatos voluntário e regulado, existe, também, o instrumento de Pagamento por Serviços Ambientais (PSA). Aliás, o mercado de carbono é uma *espécie* do *gênero* PSA (existem muitos outros conceitos em PSA, adicionais ao pagamento por estoque ou captação de carbono). O estoque ou captação de carbono é um dos tipos de serviços ambientais que podem existir.

Comunidades e populações em diferentes regiões do planeta desenvolveram seus sistemas de PSA antes de qualquer percepção quanto às alterações do clima.

Um dos projetos de PSA mais conhecidos foi desenvolvido para abastecer a cidade de Nova York com água potável. Em 1989, o comissário Albert Appleton, da Agência de Proteção Ambiental (EPA) dos Estados Unidos, desenvolveu normas e criou um sistema de pagamentos para restringir atividades agrícolas e de uso e ocupação do solo nas bacias hidrográficas da região, visando à conservação dos mananciais. Com os mananciais conservados, Nova York recebe água filtrada naturalmente pelo próprio ecossistema. Essa estratégia economizou valores da ordem de US$ 6 a US$ 8 bilhões e custos operacionais de US$ 300 milhões por ano.[10]

Projetos de PSA podem gerar cobenefícios socioambientais, tais como a diminuição de erosões, a manutenção da biodiversidade local, o aprimoramento da qualidade e disponibilidade da água, a manutenção dos serviços ecossistêmicos da floresta, efeitos positivos à saúde humana relacionados à redução de desmatamentos e queimadas, entre outros.

No Brasil, o PSA ganhou legislação federal especial em 2021: a Lei federal n. 14.119.[11] Há, também, legislação em alguns Estados.[12]

---

10 MIGUEL, Sylvia. Nova York, a metrópole com a água mais pura do planeta, 2016.

11 BRASIL. *Lei n. 14.119, de 13 de janeiro de 2021.*

12 Conforme levantamento realizado por Yuri Rugai Marinho em 2014, para a dissertação *Incentivos positivos para a proteção do meio ambiente*, 2014), os seguintes Estados brasileiros contavam com legislação sobre PSA: Acre (Lei estadual n. 2.308/2010), Amazonas (Leis estaduais ns. 3.135/2007 e 3.184/2007, Decreto estadual n. 26.958/2007), Espírito Santo (Lei estadual n. 8.995/2008), Minas Gerais (Leis estaduais ns. 14.309/2002 e 17.727/2008, Decretos estaduais ns. 43.710/2004, 45.113/2009 e 45.175/2009), Paraná (Lei estadual n. 17.134/2012 e Decreto estadual n. 4.381/2012), Rio de Janeiro (Lei estadual n. 3.239/1999 e Decreto estadual n. 42.029/2011), Santa Catarina (Lei estadual n. 14.675/2009 e Decre-

A legislação brasileira passou a definir serviços ambientais como "atividades individuais ou coletivas que favorecem a manutenção, a recuperação ou a melhoria dos serviços ecossistêmicos" (art. 1º, III, da Lei federal n. 14.119/2021).

A legislação quis, também, diferenciar *serviços ambientais* de *serviços ecossistêmicos*. Os serviços ambientais, definidos no parágrafo acima, são prestados por uma pessoa ou por um coletivo.

Ou seja, você, que lê este livro, pode ser um prestador de serviços ambientais.

O serviço ecossistêmico, por sua vez, é prestado pela própria natureza. Não vem da ação humana. A seguir, a definição do art. 2º, II, da Lei federal n. 14.119/2021:

II – serviços ecossistêmicos: benefícios relevantes para a sociedade gerados pelos ecossistemas, em termos de manutenção, recuperação ou melhoria das condições ambientais, nas seguintes modalidades:

a) serviços de provisão: os que fornecem bens ou produtos ambientais utilizados pelo ser humano para consumo ou comercialização, tais como água, alimentos, madeira, fibras e extratos, entre outros;

b) serviços de suporte: os que mantêm a perenidade da vida na Terra, tais como a ciclagem de nutrientes, a decomposição de resíduos, a produção, a manutenção ou a renovação da fertilidade do solo, a polinização, a dispersão de sementes, o controle de populações de potenciais pragas e de vetores potenciais de doenças humanas, a proteção contra a radiação solar ultravioleta e a manutenção da biodiversidade e do patrimônio genético;

c) serviços de regulação: os que concorrem para a manutenção da estabilidade dos processos ecossistêmicos, tais como o sequestro de carbono, a purificação do ar, a moderação de eventos climáticos extremos, a manutenção do equilíbrio do ciclo hidrológico, a minimização de enchentes e secas e o controle dos processos críticos de erosão e de deslizamento de encostas;

d) serviços culturais: os que constituem benefícios não materiais providos pelos ecossistemas, por meio da recreação, do turismo, da identidade cultural, de experiências espirituais e estéticas e do desenvolvimento intelectual, entre outros.

---

to estadual n. 15.133/2010) e São Paulo (Lei estadual n. 13.798/2009 e Decreto estadual n. 55.947/2010). Essas normas podem ter sido alteradas ao longo dos anos.

O sistema de PSA também poderia ser regulado ou voluntário, embora não se use esses termos na prática. Curioso notar que o Brasil buscou uma regulação desse tema em 2021, com a Lei federal n. 14.119, antes da regulação do mercado de carbono.

No âmbito do PSA, o Poder Público pode se posicionar de várias formas diferentes e não excludentes: (i) como comprador, ao requerer serviços ambientais e pagar por sua disponibilização; (ii) como provedor, ao desenvolver serviços ambientais e disponibilizá-lo de forma gratuita ou onerosa à sociedade; (iii) como intermediário, quando participa da implementação ou da comercialização do PSA, em papel de fomentador, fiscalizador ou facilitador; e (iv) como regulador, quando cria regras e modelos para o desenvolvimento do PSA.

No atual modelo desenvolvido nos Estados brasileiros, o Poder Público tem assumido o papel de comprador, intermediário e regulador, pois é quem edita as normas, quem fiscaliza os projetos propostos e quem remunera o prestador de serviços ambientais.

Ainda não há uma participação significativa de voluntários ou investidores. No item seguinte, vamos abordar o projeto PSA Carbonflor, um exemplo de iniciativa privada envolvendo PSA desenvolvida pela ECCON Soluções Ambientais.

Para que outras iniciativas semelhantes possam ocorrer, é necessário o desenvolvimento de um mercado em nível nacional com regras e obrigações estabelecidas e metas a serem atingidas, o que pode ocorrer com a regulação da Lei federal n. 14.119/2021 e sua replicação em níveis estaduais e municipais.

Pela inexistência de um mercado nacional e de regras práticas quanto ao assunto, a precificação dos serviços ambientais varia muito em cada caso concreto. Apenas a título de exemplo, os valores podem levar em consideração a área abrangida, os custos de oportunidade do proponente, o número de pessoas atingidas, os esforços do proponente, a região em que o projeto é realizado etc.

Na opinião de Ana Maria de Oliveira Nusdeo, é o Poder Público quem deve ditar as regras. A especialista destaca que o atingimento das finalidades principais do pagamento – garantia da conservação ecológica e equidade – não é possível sem a coordenação do Poder Público.[13]

---

13 NUSDEO, Ana Maria de Oliveira, 2012. p. 23.

Importante registrar que as negociações de PSA pressupõem a existência de alguma forma contratual, ainda que consistente em um termo de compromisso, no qual os provedores do serviço assumem obrigações determinadas e submetem-se à verificação quanto ao seu cumprimento. O comprador ou pagador assume a obrigação de remunerar no formato, montantes e periodicidade definidos.

No Estado de São Paulo, o PSA foi criado por meio da Lei estadual n. 13.798/2009 (regulamentada pelo Decreto n. 68.308/2024), que criou o Programa de Remanescentes Florestais, no qual se permite o pagamento por serviços florestais ambientais aos proprietários rurais conservacionistas, bem como incentivos econômicos a políticas voluntárias de redução de desmatamento e proteção ambiental. Convém notar que o instrumento foi inserido no âmbito de uma lei que instituiu a Política Estadual de Mudanças Climáticas, tendo forte viés de controle das emissões de gases de efeito estufa.

A legislação menciona como principal objetivo desse sistema de PSA o fomento da delimitação, demarcação e recuperação de matas ciliares e outros tipos de fragmentos florestais. Também estão previstos como objetivos específicos a contribuição para a mitigação das mudanças climáticas, conservação da biodiversidade, ampliação da cobertura natural, restauração de paisagens fragmentadas, redução de processos de erosão e assoreamento, redução da pobreza no meio rural, entre tantos outros.

Projetos de PSA desenvolvidos pela ECCON

Desde sua fundação, em 2014, a ECCON desempenha um importante papel de inovação e fomento a soluções tecnológicas e metodológicas relacionadas a projetos florestais, principalmente a conservação.

Uma das frentes criadas foi o desenvolvimento de uma metodologia de PSA capaz de criar regras e parâmetros para a medição de biomassa em fitofisionomias brasileiras e converter serviços ambientais em um crédito negociável, com o objetivo de remunerar a conservação no país. A metodologia ganhou o nome de PSA Carbonflor.

A equipe da ECCON começou os trabalhos na metodologia em 2018, e em 2020 firmou uma parceria com a Empresa Brasileira de Pesquisa Agropecuária (Embrapa), que disponibilizou cientistas com larga experiência em PSA e carbono no solo. Foram discutidas metodologias e ciências ambientais com os pesquisadores da Embrapa durante os anos de 2020 e 2021, dentro de um acordo de confidencialidade.

As discussões foram também levadas para a Força-Tarefa de PSA da Coalizão Brasil Clima, Florestas e Agricultura (um movimento de centenas de representantes do setor privado, setor financeiro, academia e sociedade civil, em prol da liderança do Brasil em uma nova economia de baixo carbono, competitiva, responsável e inclusiva) e para o *Kinship Conservation Fellowship Program*, nos Estados Unidos (programa que reúne cientistas de todo o mundo para discutir a conservação no contexto de instrumentos econômicos).

Aos poucos, a metodologia PSA Carbonflor foi ganhando corpo e passou a ter o apoio e as contribuições da Reservas Votorantim.

Em 2023, ECCON e Reservas Votorantim apresentaram a versão atualizada da metodologia em Nova York, em um evento formal do Climate Week NYC, bem como sua aplicação prática no território denominado Legado das Águas, maior reserva privada de Mata Atlântica do Brasil, pertencente ao Grupo Votorantim, localizado a três horas de São Paulo.

A aplicação prática do PSA Carbonflor no Legado das Águas terá duração de 100 anos, contabilizou 19.779.855 tCO_2 de estoque de carbono e vai comercializar 1.706.400 créditos de carbono denominados Carbon Plus (C+).

Atualmente, o PSA Carbonflor é um Programa de PSA que busca mensurar e valorizar a conservação em áreas privadas de todo o país. A valoração é obtida com o uso de métricas desenvolvidas com foco na conservação florestal, manutenção e melhoria de qualidade de água, manutenção de hábitat para biodiversidade (fauna e flora), manutenção de ecossistemas, vigilância e oferecimento de infraestrutura de suporte.

Busca-se criar um ambiente sistêmico que atenda às necessidades de remuneração de proprietários prestadores de serviços ambientais e à demanda da sociedade pela manutenção do ciclo climático, neutralização de emissões de GEE, produção sustentável de alimentos, manutenção da biodiversidade e conservação de estoque de carbono.

Os altos custos dos processos de certificações internacionais, atrelados a empecilhos relacionados à legislação e a biomas brasileiros, impedem que muitos proprietários conservacionistas participem desse mercado. Nesse sentido, o PSA Carbonflor se adéqua à realidade nacional, valorizando os biomas nacionais e permitindo a inclusão de mais proprietários, com geração de créditos de carbono de alta qualidade.

A ECCON segue dialogando com autoridades públicas e instituições privadas nacionais e internacionais para conferir escalabilidade, segurança jurídica e metodológica ao PSA Carbonflor para que seja uma das principais soluções de descarbonização e remuneração por serviços ambientais do Brasil.

Em 2024, as empresas ECCON, B3, Reservas Votorantim e AirCarbon Exchange (ACX) anunciaram em Nova York a criação da primeira plataforma nacional de registro de projetos de carbono do Brasil, reconhecendo a PSA Carbonflor como a primeira metodologia aprovada. O objetivo da plataforma é facilitar o acesso às informações dos projetos de carbono e acelerar o processo de emissão de crédito de carbono para que as empresas compensem suas emissões de GEE.

Também em 2024, a ECCON lançou, em parceria com a Reservas Votorantim e com fomento da Citrosuco, líder global de suco de laranja, a metodologia PSA Carbon Agro Perene. A metodologia foi apresentada em São Paulo e em Nova York com a finalidade de fomentar a discussão sobre conservação e produção responsável.

Essa metodologia busca medir e valorar os serviços ambientais existentes em atividades de produção agropecuária (culturas perenes) e de conservação. São criados créditos de carbono para viabilizar o pagamento pelos serviços ambientais prestados em propriedades que produzem e conservam. São premiadas as propriedades que tenham áreas nativas conservadas e, ao mesmo tempo, que contenham parcelas destinadas à produção agrícola de cultivos perenes realizados de acordo com as boas práticas que favoreçam a neutralização da emissão de gases de efeito estufa.

As empresas pretendem iniciar a aplicação da metodologia em 2025 e premiar produtores que atendam a boas práticas de conservação e produção.

Outros projetos relevantes de carbono

Discorreremos a seguir sobre outros projetos relevantes que foram apresentados aos autores em entrevistas com especialistas para a elaboração deste livro.

re.green

A re.green é uma das empresas que estão na vanguarda dos projetos de grande escala de restauração florestal no Brasil. O foco na remoção de carbono da atmosfera com cobenefícios sociais e de biodiversidade faz com que o crédito de carbono seja mais bem-visto no mercado do que projetos que só protegem a floresta (evitam novas emissões) e de geração de energia renovável. Compradores topam até pagar mais caro e esperar um tempo maior para a floresta ser regenerada e, então, gerar créditos. A empresa também trabalha com a silvicultura de mata nativa com foco em restauração, outra frente promissora de negócios.

"Eu atuo com o melhor do mercado, a inclusão social, repartição de benefícios, crédito de biodiversidade, aumento de resiliência climática e restauração como estratégia de adaptação para as mudanças do clima", diz Mariana Barbosa, diretora jurídica e de relações institucionais da re.green.

Mas nem tudo são flores. Ela comenta que muitos compradores não aceitam hoje investir por conta dos riscos envolvidos, que são bem maiores do que os de projetos REDD+, de preservação. Riscos como, por exemplo, a incerteza sobre o prazo que começaria a gerar créditos, o sucesso do plantio, o impacto das mudanças climáticas na região e o quanto isso pode impactar a regeneração dos locais, entre outros.

Destaca a advogada:

> Enquanto os prejuízos e os custos da crise climática não forem de todos os atores, qualquer risco de um projeto pode parecer maior do que é. O risco deveria ser comparado ao custo da inação e não com o de não fazer nada.

Outro desafio é tornar o mercado escalável. Para isso, diz, a ciência e a tecnologia são primordiais para monitorar, avaliar os resultados e melhorar a produtividade das árvores. Mas, claro, isso também é um custo a mais para os projetos.

Sobre tendências, Mariana Barbosa acredita que os ativos da natureza – carbono, água e biodiversidade – tendem a ser quantificados. O desafio é criar metodologias aceitas e justas para determinar valor a eles. Para ela, uma saída é incorporar esses preços no carbono, fazer o valor de forma sistêmica e considerando a cadeia toda, e deixar de lado o conceito limitado do crédito de carbono.

Auren

A Auren, empresa do Grupo Votorantim focada no mercado de energia, em especial renováveis, teve o primeiro contato com o mercado de carbono em um serviço de negociação de compra de créditos para um de seus clientes. Depois de alguns anos apenas intermediando contratos pontuais, a empresa estudou bem o mercado e decidiu abrir uma frente de negócio exclusiva sobre carbono.

"Em maio de 2022 inauguramos dentro da Diretoria de Comercialização da Auren uma área de Negociação para colocar a Auren como provedora de liquidez no mercado de carbono", conta José Guilherme Amato, Gerente de Negócios de Carbono da Auren Energia. Os clientes da divisão de energia também se interessavam por créditos para cumprir compromissos públicos de descarbonização. Clientes como Delta, Volkswagen, Natura, EY, Telefonica, BAFTA e Westlife estão na lista de compradores de créditos.

A empresa faz intermediação de projetos verificados por standards como a Verra, American Carbon Registry (ACR), Global Carbon Council (GCC), Mecanismo de Desenvolvimento Limpo (MDL) dentre outros, localizados em diferentes partes do mundo. Explica Amato:

> Posso transacionar créditos do mundo inteiro e para o mundo inteiro. Quando a Verra faz o registro que dá direito ao crédito, eu recebo os créditos, envio aos *traders* ou aposento diretamente para o consumidor final para compensação de emissões.

Ele lembra que os créditos de conservação florestal (REDD+) geralmente são os mais procurados no Brasil, mas há muitos outros tipos de crédito sendo negociados no mercado internacional, como os de aterro sanitário (*landfill*), geração de energia renovável, os de reflorestamento e restauração (ARR), os de proteção e recuperação de oceanos e manguezais (*blue carbon*) e os de fogões eficientes (*cookstoves*).

Desde 2018, a empresa tem dois projetos próprios de geração de créditos registrados na verificadora Verra, com potencial de quase 1,2 milhão de VCU – unidade de medida de redução ou remoção de uma tonelada de dióxido de carbono equivalente – por ano. É, segundo Amato, o segundo maior complexo eólico gerador de crédito de carbono do mundo registrado na Verra, perdendo apenas para um indiano.

A região já é atendida por projetos sociais de saúde, educação e renda para mulheres, patrocinados pela empresa, o que adiciona mais integridade ao crédito. A receita advinda da venda dos créditos é direcionada para projetos sociais e ambientais da região. "Escolas foram construídas, hospitais ganharam mais leitos, hortas coletivas foram criadas para geração de renda, projetos de ovinos, caprinos e produção de mandioca também foram desenvolvidos", conta o executivo. A região também conta com uma reserva de 700 hectares de preservação da caatinga.

Mas um dos desafios desse tipo de projeto é justamente o impacto social. Para mapear milhares de famílias, entender as deficiências e fortalezas da região e definir prioridades são necessários esforço e tempo.

Amato explica que no mercado voluntário de carbono de hoje há basicamente dois tipos de clientes: aquelas empresas que têm um grande volume para compensar e se comprometeram com metas de sustentabilidade, mas não são muito engajadas no tema e, portanto, não se preocupam tanto com o tipo de crédito que vão comprar, apenas com o preço. Mas um segundo grupo, em ascensão, é o dos preocupados com a reputação da companhia e que, portanto, pedem projetos com maior adicionalidade e fazem uma auditoria própria para verificar se é sério o que estão adquirindo.

> Algumas empresas nos submetem a um rigoroso processo de *compliance* e diligência para garantir que os créditos de carbono estão devidamente registrados na Verra, sendo monitorados e cumprindo todas as exigências da metodologia. Essas companhias prezam pela sua reputação e adotam medidas para se resguardar de quaisquer possíveis riscos.

Amato lembra que o perfil predominante era o de créditos mais "commoditizados" até o início de 2023, quando o jornal britânico *The Guardian* publicou uma reportagem intitulada "Mais de 90% das compensações de carbono da floresta tropical feitas pela maior certificadora são inúteis, mostra a análise".[14] A notícia, ainda que questionável, marcou o ápice da crise dos créditos de proteção contra desmatamento e preservação ambiental, os REDD+, na época os mais negociados do mundo.

Conta Amato:

---

14 GREENFIELD, Patrick. More than 90% of rainforest carbon offsets by biggest certifier are worthless, analysis shows, 2023.

O ano de 2023 começou com perspectiva positiva, especialmente após a COP de Glasgow, em 2021 e um ano bom em 2022. A notícia do *The Guardian* abalou o mercado e, com a guerra da Rússia com a Ucrânia desestabilizando a macroeconomia global, o mercado travou de vez.

Isso desencadeou dois movimentos: primeiro, a busca por créditos de maior qualidade, com mais cobenefícios e alternativas ao REDD+, impulsionando a profissionalização do setor. Desenvolvedores passaram a dedicar mais atenção à qualidade dos projetos, chegando a adotar metodologias locais. Paralelamente, surgiu um novo segmento voltado à inteligência de dados, *rating* dos projetos e *due diligence*, fortalecendo a transparência e a credibilidade do mercado.

Reservas Votorantim

Cientistas do IPCC estimam que o aumento de um grau e meio de temperatura levará a uma perda de 10 a 40% da biomassa do mundo nos próximos 100 anos. Isso significa, na prática, a desertificação de algumas áreas e mudança das características de biomas inteiros. A Amazônia, por exemplo, sofrerá com secas intensas e pode se transformar em uma savana, enquanto o Sul do Brasil terá chuvas em excesso que podem levar a quedas de encostas e perdas de grandes áreas florestadas. Isso deve alterar, consequentemente, também o estoque de carbono nas florestas. Para tentar minimizar esse problema, a restauração de áreas degradadas tem sido apontada como uma das principais ações hoje viáveis. Mas a conservação da floresta em pé é essencial para não agravar a questão.

Pensando nisso, a Reservas Votorantim, empresa do portfólio da Votorantim S.A. que faz a gestão de territórios e atua como desenvolvedora de projetos para a economia verde, tem desenvolvido negócios com foco em oferecer ao mercado soluções baseadas na natureza.

David Canassa, diretor executivo da Reservas Votorantim, diz:

> Quando tratamos de mudanças climáticas, a manutenção das florestas é como parte de um 'seguro' mundial para o controle da temperatura planetária e dos níveis atmosféricos de carbono, tão relevante como não perder o *permafrost* na região do Ártico, ou a vida dos corais dos oceanos.

Ele comenta que tecnologias para captura de carbono estão avançando, mas que é mais barato e seguro garantir a conservação do que já temos nas florestas, além de ampliar suas áreas. "Uma parte significativa do esforço deve ser voltado para o carbono ficar na floresta. Não podemos permitir que as previsões pessimistas de 40% de perda da biomassa se concretizem", alerta.

Além do trabalho de anos de conservação de matas nativas, a Reservas Votorantim foi além e lançou, em 2023, em parceria com a consultoria ECCON Soluções Ambientais, uma nova metodologia para colocar valor de forma mais justa na conservação dos biomas brasileiros, começando pela Mata Atlântica. A metodologia chamada PSA Carbonflor busca fazer duas coisas ao mesmo tempo: quantificar o sequestro de carbono na mata nativa e medir os serviços ecossistêmicos que mantêm a floresta em pé. Diz:

> Muitos ainda não entendem o que são os serviços ecossistêmicos e sua importância. Podemos exemplificar o papel importantíssimo da floresta no sequestro de carbono. Isso é um serviço ecossistêmico prestado pela floresta. Quanto menos floresta em pé, mais carbono na atmosfera. Ou seja, sem florestas, os efeitos das mudanças climáticas serão ainda maiores.

O PSA Carbonflor teve sua primeira aplicação no Legado das Águas, área de 31 mil hectares de Mata Atlântica no interior de São Paulo, administrado pela Reservas Votorantim. Entre as primeiras ações foi feita uma análise intensa de pesquisas científicas que identificassem fatores-chave na manutenção da biodiversidade local. Foi identificado, por exemplo, a existência do macaco muriqui-do-sul, ameaçado de extinção, e um importante dispersor de sementes. "Se essa espécie deixar de existir dentro do Legado das Águas, teremos que dispersar as sementes por drone", cita Canassa. Especialistas alertam que o muriqui-do-sul pode desaparecer em função do desmatamento e caça ilegal.

> Buscamos criar uma metodologia que mostre os serviços ecossistêmicos que mantêm a floresta em pé e em quais pontos um proprietário pode atuar para contribuir nessa manutenção. Dessa forma, buscamos mitigar a perda de biomassa e, assim, geramos adicionalidades, contribuindo para resolver o problema climático. Evitando a degradação de biomassa, mantemos o estoque de carbono e evitamos que ele volte para a atmosfera.

Canassa explica que até então só existia a metodologia do REDD+, baseada no princípio de se evitar o desmatamento.

Explica o executivo do Reservas Votorantim:

A Mata Atlântica é um bioma que foi muito desmatado no passado, do qual restou pouco e está protegido por lei. Pela metodologia do REDD+, é muito difícil conseguir gerar crédito de carbono na Mata Atlântica. Porém, as dificuldades de manutenção desse bioma estão presentes, além do problema da degradação da biomassa devido às mudanças climáticas. Por isso, buscamos criar uma metodologia baseada em pagamento por serviços ambientais que valorasse o trabalho para evitar a perda dos serviços ecossistêmicos e reconhecesse a manutenção do carbono florestal.

O escritório Pinheiro Neto Advogados foi o primeiro comprador dos créditos. Para David Canassa, há bons exemplos de gestão e conservação ambiental nos setores público e privado no Brasil, mas ele reforça que o país precisa mostrar ao mundo que tem qualidade nos créditos gerados. Se o fizer, terá um grande potencial de fazer acordos internacionais de cooperação no âmbito do artigo 6 do Acordo de Paris.

Citrosuco

Orlando Nastri, líder de Sustentabilidade da Citrosuco, maior exportadora de suco de laranja do mundo, conta que a empresa é uma das que participam do mercado voluntário e se prepara para um regulado. Por ter cerca de 95% de sua receita vinda de exportação, boa parte para a União Europeia, a companhia trabalha para seguir as mais exigentes legislações de descarbonização. Segue os parâmetros do CDP Latin America e com as metas aprovadas no SBTi.

Comentou com os autores do livro em maio de 2024:

Os mercados maduros querem muito saber de clima, de carbono. Por isso, várias áreas da empresa estão mobilizando uma série de iniciativas dentro da agenda de redução de emissões, como energia, bioinsumos, tecnologias novas e outras.

Ele comemora que, até agora, já reduziram mais de 10% das emissões nos Escopos 1 e 2 em relação ao ano-base de 2019.

O pilar de crédito de carbono é outro elemento que a gente chama de originação. Então, não basta eu só reduzir. Só ter uma agenda positiva, uma agenda de transição, de resiliência ou de adaptação. Eu preciso gerar valor com isso. E esse é o mote do mercado de carbono voluntário ou regulado. É você criar incentivos financeiros para a geração de valor.

Para ele, essa combinação de estímulos é mais sustentável no longo prazo. Em originação, a Citrosuco tem algumas iniciativas em andamento para gerar carbono. A principal tese é a de agricultura regenerativa, o uso do solo para gerar crédito de carbono. Já são 5 mil hectares mapeados. Conta Natri:

A laranja é uma cultura perene. São 20 anos no pomar dando laranja. Eu não corto a laranja igual a cana-de-açúcar, o algodão, o milho e outras culturas. Então, ela tem uma capacidade de sequestro e remoção de carbono gigante. Os nossos pomares removem 400 mil toneladas de carbono por ano.

Esse volume, gerado por cerca de 70 mil hectares produtivos, diz, é praticamente as emissões de Escopos 1 e 2 inteiras da companhia. Diante disso, a empresa já conversou com cerca de 40 potenciais parceiros comerciais de fora do Brasil e já possui, por exemplo, um contrato de originação de créditos com uma empresa baseada na Califórnia, que busca teses em agricultura regenerativa. "É uma parceria. A gente tem um investimento alto da Citrosuco e, nos próximos três a cinco anos, vai gerar créditos de carbono em mais de 5 mil hectares de pomares de laranja", contou. Reforça ainda que são considerados créditos de alta qualidade, uma vez que a tese de agricultura regenerativa tem um valor agregado no mercado maior até do que a de energia renovável.

E esses são apenas alguns exemplos, o que mostra que o segmento está em ascensão no Brasil e que há muitas iniciativas estruturadas e íntegras para servir de exemplo para novas que poderão surgir na esteira da demanda a ser impulsionada pela nova legislação.

Capítulo 3

As leis e as mudanças climáticas

Neste capítulo do livro, traremos uma discussão de natureza mais jurídica sobre a legislação brasileira e os tratados internacionais relacionados a mudanças climáticas.[1] Se você não é da área jurídica, talvez alguns termos estejam distantes da sua rotina, mas vale a pena conhecê-los para melhor entender o mercado de carbono e o seu contexto histórico.

Quem sabe com essa leitura você se torne capaz de estimar os próximos passos do Brasil e do mundo no tema de mudanças climáticas!

O mercado de carbono representa, para a humanidade, um dos principais casos de sucesso do uso de instrumentos econômicos e incentivos. Como abordamos neste livro, esse mercado foi criado para estimular a redução de emissões de gases de efeito estufa e permitir compensações nos casos em que a redução de emissões não é possível.

A ciência que estuda as leis e as regras da sociedade é o Direito. Até o Renascimento, o Direito tinha caráter sagrado.[2] Aos poucos, foi se distanciando da sacralidade e ganhando maior tecnicidade. Deixou, também, de

---

1   Este capítulo foi construído com base na dissertação de mestrado de Yuri Rugai Marinho, sob orientação da Professora Dra. Patrícia Faga Iglecias Lemos, disponibilizada na Biblioteca da Faculdade de Direito da Universidade de São Paulo (USP): *Incentivos positivos para a proteção do meio ambiente*. Dissertação (Mestrado em Direito) – Faculdade de Direito, Universidade de São Paulo, 2014. Disponível em: https://www.teses.usp.br/teses/disponiveis/2/2131/tde-24032017-120036/pt-br.php. Acesso em: 31 jan. 2025.

2   FERRAZ JUNIOR, Tercio Sampaio. *Introdução ao estudo do direito:* técnica, decisão, dominação, 2003. p. 65.

ser inspirado em costumes ("Direito Consuetudinário") e passou a contar com normas "positivadas", ou seja, criadas com fins específicos.

No Brasil, ainda identificamos heranças desse processo histórico de ligação do Direito com a religião. Basta visitarmos alguns prédios públicos que, sem muita dificuldade, poderemos encontrar símbolos religiosos como a cruz.

Algumas populações e grupos também costumam vincular a natureza à religião, a seus deuses ou qualquer outra forma de sacralidade. Economistas, por outro lado, costumam vincular a natureza à satisfação das vontades humanas ou a processos produtivos.[3]

Em nosso país, as obrigações e as normas são criadas no âmbito de três Poderes constituídos: Executivo, Legislativo e Judiciário. Na maior parte dos países democráticos, a situação é a mesma. Nesse caso, portanto, as regras sobre mudanças climáticas podem vir por meio de normas (leis, portarias, decretos e outras normas emitidas pelos Poderes Legislativo e pelo Executivo) ou de decisões de tribunais (Poder Judiciário).

Essas normas podem assumir formas que se assemelham mais a penas, sanções, ou então buscar mais estímulos, incentivos. Buscaremos, nas próximas páginas, explorar um pouco esses conceitos para, no último capítulo, contextualizar a Lei n. 15.042/2024 dentro desse universo jurídico. Você, leitor, poderá fazer sua análise quanto ao efeito do tempo e da história em uma das principais leis da atualidade brasileira.

A norma jurídica: sanções e incentivos

O conceito de norma jurídica já foi objeto de infindáveis estudos dos mais renomados especialistas. O tema insere-se na filosofia jurídica e leva os estudiosos a indagações infinitas sobre pressuposições, sua natureza de comando ou direção, os elementos de sua composição etc. Independentemente da visão que se adote, a norma jurídica é critério fundamental de

---

3 DAPICE, David. Thinking about the future: the complementary roles of economists and environmentalists, 1996. p. 172. Quanto ao tema, o autor explica: "*Economists want nature to be used efficiently to satisfy existing human wants, while environmentalists want nature to be sacred and secure from human despoilment. Both have a vision of the future. However, one is impressed by the earth's fragility and need for caution and the other by the urgent needs of the present and the likehood that new solutions will be found to the problems that arise as economic growth proceeds*".

análise da sociedade e seus conflitos, refletindo um dever-ser da conduta, um conjunto de proibições, obrigações, permissões, por meio do qual as pessoas criam entre si relações de subordinação, coordenação, organizam seu comportamento coletivamente, interpretam suas próprias prescrições, delimitam o exercício do poder, estimulam o rumo de sua sociedade e economia etc.[4]

Uma norma sobre mudanças climáticas ou sobre mercado de carbono, por exemplo, deve estabelecer as obrigações de pessoas, empresas, instituições públicas e privadas, sejam elas emissoras de gases de efeito estufa ou, pelo contrário, desenvolvedoras de projetos de redução ou sequestro de gases. A norma deve, também, deixar claros os direitos e as permissões dessas pessoas, empresas, instituições públicas e privadas, a exemplo dos seus limites de emissões.

A norma pode ser negativa (proibição) ou positiva (comando). As proibições ou comandos podem vir acompanhados de incentivos (sanção positiva) ou de punições (sanções negativas). Ou seja, nem toda norma negativa utiliza-se de penalidades e nem toda norma positiva vale-se de incentivos. Existem, portanto, quatro situações possíveis: (i) comandos reforçados por prêmios; (ii) comandos reforçados por castigos; (iii) proibições reforçadas por prêmios e (iv) proibições reforçadas por castigos.

O ordenamento jurídico pode se voltar a normas protetivo-repressivas ou a normas promocionais, sejam elas de caráter positivo ou negativo. No primeiro caso, existem três modos típicos de impedir uma ação não desejada: torná-la impossível, torná-la difícil ou torná-la desvantajosa. Por outro lado, o ordenamento promocional busca atingir os mesmos fins por três operações contrárias, isto é, buscando tornar a ação desejada necessária, fácil ou vantajosa.

Todo esse conjunto de opções pode ocorrer de forma prévia ou posterior à conduta. Se for previamente (ou seja, a norma pretende gerar efeitos antes da ocorrência de alguma conduta), pode-se facilitar ou obstaculizar; se for posteriormente (ou seja, a norma pretende gerar efeitos depois da ocorrência de alguma conduta), pode-se atribuir consequências agradáveis ou desagradáveis, no que se denomina sanção.

As técnicas de encorajamento e desencorajamento agem nos comportamentos já realizados e naqueles que ainda virão ou estão se desen-

---

4   FERRAZ JR., Tercio Sampaio. *Introdução ao estudo do direito*, cit.

volvendo. Enquanto medida prévia, estabelecem uma ameaça, a título de desencorajamento, ou uma promessa, a título de encorajamento. Como ameaça, além de induzir determinados comportamentos, buscam a conservação social, a inércia; por outro lado, como promessa, buscam a mudança, a alteração. Quando tendem a promover o comportamento desejado, suscitam uma esperança; quando buscam impedir o comportamento não desejado, provocam um temor.

Por outro lado, técnicas de desencorajamento ou encorajamento, quando aplicadas em condutas já realizadas, encaixam-se como uma reação do Estado, que pode ser favorável, quando o comportamento é desejado, ou desfavorável, quando o comportamento é indesejado.

Nos tempos atuais, principalmente no ocidente do planeta, a maior parte dos Estados dá preferência a técnicas de encorajamento. Métodos mais repressivos seguem tendo maior uso no âmbito de questões criminais, o que é objeto do direito penal. Uma das principais características do direito penal, aliás, é o uso de normas negativas, pelas quais se criam proibições e penalidades aplicáveis quando do descumprimento. Nesse contexto, como se sabe, é comum o uso de aparato policial e militar.

Ana Maria de Oliveira Nusdeo cita os instrumentos de comando e controle e os instrumentos econômicos. Para ela, instrumentos de comando e controle caracterizam-se por fixar normas, regras, procedimentos e padrões determinados para as atividades econômicas a fim de assegurar o cumprimento dos objetivos da política em questão, por exemplo, reduzir a poluição do ar ou da água.[5] Em contraposição, os instrumentos econômicos têm caráter indutor dos comportamentos desejados pela política ambiental, valendo-se de meios como a imposição de tributos e preços públicos, a criação de subsídios ou ainda a possibilidade de transação sobre direitos de emissão de substância ou de créditos obtidos pela não poluição.

Embora fundamentais em qualquer política ambiental, os instrumentos de comando e controle têm sido insuficientes para conter a ocorrência de danos ambientais e mudanças climáticas. Exigem a definição de padrões e limites para cada fonte de poluição, o que deve ser acompanhado de um sistema de monitoramento do cumprimento das obrigações e definição de penalidades para os infratores.

---

5   NUSDEO, Ana Maria de Oliveira. *Pagamento por serviços ambientais,* cit., p. 2.

Na opinião de Richard Stewart, a proliferação de medidas de comando e controle não é o caminho mais adequado e funcional, a longo prazo, para lidar com as questões ambientais, pois trata-se de uma opção cara e com imperfeições.[6] Todavia, segundo o autor, é o mecanismo mais utilizado na maior parte dos sistemas jurídicos, motivo pelo qual se tornou uma tradição.

É aplicado para o controle de atividades industriais, consumo de medicamentos e drogas, transporte de cargas, controle de emissões etc.[7] O mecanismo confere, ainda, um poder estratégico, para as autoridades públicas, de interferir nas atividades econômicas, o que significa que a sua substituição por outros mecanismos torna-se desinteressante para tais autoridades.[8]

Sobre o tema, Peter H. May, Carlos Amaral, Brent Millikan e Petra Ascher destacam:

> Nos últimos anos, tem aumentado o interesse pelas possibilidades de aplicação de instrumentos econômicos como forma de mitigar o uso predatório dos recursos naturais e fomentar sua proteção e o seu uso sustentável. Tal interesse se deve à constatação de que a utilização dos instrumentos de "Comando e Controle", de forma isolada, revelou-se insuficiente para assegurar os resultados esperados das políticas ambientais, em particular no que diz respeito ao uso dos recursos florestais. De forma semelhante, tem ganhado for-

---

6   BREGER, Marshall J.; ELLIOTT, E. Donald; HAWKINS, David; STEWART, Richard R. Providing economic incentives in environmental regulation, 1991. p. 468.

7   STEWART, Richard B. Economic incentives for environmental protection: opportunities and obstacles, 2000. p. 200. Quanto ao tema, o autor explica: "*Notwithstanding the advantages of EIS [economic incentive system] in addressing many environmental problems, environmental regulatory programs in most jurisdictions, including the US and the EU and under international environmental agreements, have relied almost entirely on command-and-control instruments. This pattern reflects tradition. Command measures have been the dominant regulatory instrument used to address other problems of industrialization, including unsafe and ineffective drugs, market power in sectors of the economy such as transportation and financial services, and unsafe vehicles and workplaces. Command regulation has a simple and appealing logic: people should be made to stop doing something bad. Command regulation promises effective control of behavior. Command environmental regulation has been successful in reducing substantially discharges of some air and water pollutants and preventing potentially large increases in others. It has also made significant progress in controlling hazardous wastes. Although crude and costly, the command system for environmental regulation has 'worked'*".

8   STEWART, Richard B. Economic incentives for environmental protection, cit., p. 200.

ça a ideia de que as políticas ambientais precisam se articular às dimensões econômica e social do processo de desenvolvimento.[9]

Muitas vezes, o custo de seguir determinada regra é tão caro que acaba sendo menos custoso descumpri-la e, na hipótese de uma autuação pelas autoridades, combater administrativa e judicialmente todas as exigências ou sanções que possam ter sido impostas. Importante notar que, havendo descumprimento da regra e discussão processual quanto às exigências e sanções, o meio ambiente restará desprotegido e as autoridades públicas estarão obrigadas a aguardar o trâmite de tais processos.

Além disso, é preciso considerar que o sistema de comando e controle nada faz para aquele que se mantém abaixo dos padrões permitidos de poluição, de forma que este preferirá chegar próximo aos níveis permitidos. Seria interessante se tivesse vantagens por estar abaixo desses limites.

Como alternativa, a inclusão de instrumentos econômicos de caráter indutivo nas políticas ambientais pode trazer maior eficiência em comparação aos de comando e controle, no sentido de permitir a consecução dos objetivos da política ambiental por meio das medidas de menor custo aos seus destinatários e à própria administração pública.

O advogado Werner Grau Neto propõe a adoção de sistemas adicionais, fundados na mecânica de incentivos e desestímulos, marcados pelo conceito das exclusões, salvaguardas e induções, como mecanismo de indução do mercado ao exercício de atividades sustentáveis, em detrimento das atividades menos adequadas ao mote da sustentabilidade.[10]

É importante que o Estado não se limite a criar normas de comandos e proibições para atingir seus fins. Em outras palavras, o ordenamento jurídico não deve se limitar à atuação protetivo-repressiva, mas assumir uma função promocional.

Veremos na sequência o que tem ocorrido no universo das questões ambientais e climáticas.

---

9   AMARAL, Carlos; MAY, Peter H.; MILLIKAN, Brent; ASCHER, Petra (org.). *Instrumentos econômicos para o desenvolvimento sustentável da Amazônia brasileira*, 2005.

10 GRAU NETO, Werner. O novo paradigma indutor do trato tributário da questão ambiental: do poluidor-pagador ao princípio da sustentabilidade, 2011, p. 24.

O regime de sanções negativas

Em sua função repressiva, o Estado faz uso de instrumentos de comando e controle, a fim de garantir o cumprimento dos objetivos de determinada política. Baseia-se em determinações de cunho administrativo e no poder de polícia. Seu descumprimento acarreta a imposição de sanções.

Na política ambiental brasileira, os instrumentos de comando e controle são predominantes. Existe um conjunto extenso de normas e exigências para o cumprimento de padrões, determinando condutas específicas, criando restrições ou proibindo práticas, a fim de propiciar a proteção do meio ambiente.

A Lei n. 6.938/81 criou a Política Nacional do Meio Ambiente, estabelecendo uma modalidade de gestão integrada dos recursos naturais, com princípios, objetivos, instrumentos e uma estrutura institucional, o Sistema Nacional do Meio Ambiente (Sisnama).

A lei prevê, em seu art. 9º, 13 tipos de instrumentos, em sua maior parte de natureza de comando e controle, dos quais merecem destaque: (i) padrões de qualidade ambiental; (ii) zoneamento ambiental; (iii) avaliação de impactos ambientais; (iv) licenciamento ambiental; (v) penalidades disciplinares ou compensatórias; (vi) criação de espaços territoriais especialmente protegidos; e (vii) relatório de qualidade do meio ambiente.

Todavia, com a promulgação da Lei n. 11.284/2006, a Política Nacional de Meio Ambiente passou a englobar o uso de instrumentos econômicos como alternativa à proteção do meio ambiente. São citados como modalidades de tais instrumentos a concessão florestal, a servidão ambiental e o seguro ambiental.[11]

Quanto ao ponto, Peter H. May, Carlos Amaral, Brent Millikan e Petra Ascher apontam um rol maior de instrumentos econômicos, a saber:[12] (i) subsídios creditícios para atividades realizadas de forma ambientalmen-

---

11 Ver art. 84 da Lei n. 11.284/2006: "Art. 84. A Lei n. 6.938, de 31 de agosto de 1981, passa a vigorar com as seguintes alterações: 'Art. 9º [...] XIII – instrumentos econômicos, como concessão florestal, servidão ambiental, seguro ambiental e outros'" (BRASIL. *Lei n. 11.284, de 2 de março de 2006*. Dispõe sobre a gestão de florestas públicas para a produção sustentável; institui, na estrutura do Ministério do Meio Ambiente, o Serviço Florestal Brasileiro – SFB; [...] e dá outras providências).

12 MINISTÉRIO DO MEIO AMBIENTE. *Instrumentos econômicos para o desenvolvimento sustentável da Amazônia brasileira*, 2005.

te amena; (ii) isenção fiscal ou tarifária para atividades que cumprem as normas ambientais; (iii) taxas sobre resíduos emitidos para desincentivar o despejo ao ambiente; (iv) taxas vinculadas ao uso de recursos naturais visando evitar a exaustão; (v) impostos ambientais vinculados à taxação convencional; (vi) certificados de emissão ou direitos de uso comercializáveis; (vii) rotulação ambiental com base em certificação de origem sustentável e (viii) instrumentos de responsabilização legal ou securitização por danos.

O funcionamento do sistema de comando e controle é caro e tem defeitos, principalmente em um país de dimensões continentais como o Brasil. O legislador buscou, mediante a criação do Sisnama, estruturar órgãos federais, estaduais e municipais que pudessem garantir a capilaridade da atuação do Estado, mas a extensão territorial do País parece ser uma barreira intransponível.

A baixa probabilidade de detecção de irregularidades aumenta a probabilidade de descumprimento das normas. Há, ainda, a dificuldade de estabelecer os padrões corretos, em vista das constantes inovações da indústria e demais atividades econômicas.

Após a ocorrência de um dano ambiental, o sistema jurídico volta-se à definição das responsabilidades – que, no âmbito do Direito Ambiental, dividem-se nas esferas civil, criminal e administrativa.

Além de trazer poucos benefícios à sociedade e ao meio ambiente, as penas tradicionais do sistema de responsabilidade ambiental não são suficientes para inibir a prática de novos delitos. Exemplo disso é o fato de que, embora os órgãos de fiscalização tenham lavrado multas em quantidade e valores cada vez maiores, o desmatamento das florestas brasileiras segue em níveis muito altos nas últimas décadas.

Na University of Southern California, Michael S. Knoll[13] questiona a eficácia da imposição isolada de penalidades, principalmente em relação à aplicação de multas em valores vultosos, uma vez que, como já estudado por respeitados nomes do Direito e da Economia, o efeito de tal imposição pode ser perverso.

Michael S. Knoll ensina que um racional tomador de decisão,[14] diante de uma situação em que deve decidir pela continuidade da produção de

---

13 KNOLL, Michael S. Products liability and legal leverage: the perverse effect of stiff penalties, 1997, p. 101.

14 Tradução livre do autor. Do original: "*rational decision-maker*" (KNOLL, Michael S. Products liability and legal leverage, cit., p. 101).

um produto que pode ser perigoso, não vai deixar de produzir se a aplicação de uma multa implicar sua falência. Ou seja, como o pagamento da multa significaria o fim de suas atividades, esse tomador de decisão prefere correr o risco de operar irregularmente até a eventual autuação, em vez de considerar o pagamento da multa, a adequação às normas e a continuidade de suas atividades.[15] Trata-se do denominado efeito perverso.[16]

Isso significa que a previsão de penalidades desproporcionais às empresas poluidoras ou que representem risco ao homem e ao ambiente pode causar um efeito contrário ao esperado, resultando em clandestinidade e, por consequência, em prejuízos sociais, ambientais, fiscais, trabalhistas, entre tantos outros.

Assim, ao considerarmos que as penas tradicionais do sistema de responsabilidade ambiental não são suficientes para inibir a prática de novos delitos, é necessário adotar, também, medidas de estímulos a práticas saudáveis ao meio ambiente.

O regime de incentivos

O Direito é capaz de direcionar a sociedade pelo uso de incentivos, de forma a promover a realização de atos socialmente desejáveis. A função estatal deixa de ser exclusivamente protetora e repressiva, passando a assumir papel também promocional.

A sanção positiva pode consistir tanto na atribuição de uma vantagem quanto na privação de uma desvantagem. Há sanções que consistem em um bem econômico (compensações em dinheiro ou propriedades), um

---

15 Tradução livre do autor. Do original: "*When faced with a decision whether to continue producing a product that might be dangerous, a rational decisionmaker will compare its expected wealth if it continues production with its expected wealth if it ceases production. Once penalties are stiff enough that the decisionmaker will be bankrupt if it continues production and is held liable, further increasing liability awards will have no effect on its expected wealth if production continues. However, if the manufacturer would not be bankrupt if it ceased production and is held liable, then further increasing liability awards will reduce its expected wealth if production ceases. In this range, the cost to the decisionmaker of continuing production decreases as liability awards increase. As a result, the decisionmaker might continue to produce a potentially dangerous product that it would have stopped producing if liability awards were smaller. This is the 'perverse effect'*" (KNOLL, Michael S. Products liability and legal leverage, cit.).

16 Tradução livre do autor. Do original: "*perverse effect*" (KNOLL, Michael S. Products liability and legal leverage, cit.).

bem social (concessão de *status*), um bem moral (honrarias) ou um bem jurídico (privilégios).

Em uma comparação muito simplista em relação às sanções negativas, pode-se dizer que a sanção positiva é uma reação a uma ação boa, enquanto a sanção negativa é uma reação a uma ação má. No primeiro caso, restitui-se o bem ao bem; no segundo, o mal ao mal.

A sanção positiva pode assumir função retributiva, na forma de uma reação favorável a um comportamento vantajoso para a sociedade, ou função compensatória ou indenizatória, na forma de compensação ao agente pelos esforços, pelas dificuldades enfrentadas, pelas despesas assumidas e pelos benefícios que trouxe à sociedade.

Os incentivos podem assumir a forma de procedimento, a exemplo do que ocorreria na concessão de facilidades na obtenção de empréstimos financeiros, ou seja, um procedimento interno da entidade financeira. Podem, também, ocorrer na forma de prestação de serviço, como no caso de fornecimento de estradas e máquinas, ou quaisquer outros serviços públicos a determinada comunidade que contribua com a manutenção da qualidade do meio ambiente.

Os incentivos ainda podem assumir a forma de produto, como no caso dos instrumentos de mercado criados por entidades de natureza pública ou privada. Títulos representativos de uma conduta pró-ambiente, a exemplo da manutenção de vegetação, quando comercializados, podem criar incentivos para aqueles que desejam preservar a natureza auferindo renda.

Ou seja, os incentivos podem ocorrer em numerosas situações e assumir diferentes formas. Neste livro, consideraremos a sua definição aberta, no sentido de representar um estímulo a uma prática favorável ao meio ambiente.

É importante apenas notar que os incentivos podem ser divididos em prévios e posteriores em relação à conduta desejada, divisão essa que facilita a sua compreensão e utilização no campo do Direito Ambiental.

São exemplos de incentivos prévios: (i) redução do encargo tributário; (ii) redução dos procedimentos burocráticos de regularização da propriedade; (iii) concessão de facilidades na obtenção de empréstimos financeiros; (iv) fornecimento de serviços públicos; e (v) disponibilização de tecnologia.

Como incentivos posteriores à conduta desejada, podem ser citados: (i) o pagamento por serviços ambientais; (ii) a criação de lista ou *ranking* das pessoas com boas práticas ambientais e (iii) a criação de instrumentos de mercado.

Essas modalidades são apenas exemplos e estão focadas na realidade brasileira, de forma que outros instrumentos podem ser utilizados, tais como subsídios, instituição de taxas e encargos etc. Incentivos podem envolver, ou não, a transferência direta de recursos financeiros. Nos casos em que há transferência, alguns cuidados devem ser tomados, a fim de evitar desvio de dinheiro e corrupção. É preciso assegurar que o montante destinado ao beneficiário seja efetiva e diretamente transferido (por exemplo, mediante depósito direto em conta-corrente).

É preciso que a sociedade reconheça a importância econômica, social e ambiental dos grupos que protegem o meio ambiente. É nesse contexto que se insere a recompensa, o incentivo ambiental, que deve ser estendido para os casos em que há obrigação legal de proteção. Isso, aliás, dá mais efetividade às leis ambientais, historicamente ignoradas, em vista do tamanho continental do País, à precária estrutura de fiscalização etc.

Howard A. Latin defende que os legisladores deveriam aprender a fazer melhor uso de incentivos, a fim de encorajar o comportamento planejado pelas normas regulatórias.[17] De acordo com a sua opinião, há uma discrepância entre as metas ambientais e os resultados efetivamente alcançados, o que não pode ser corrigido, simplesmente, pela edição de novas normas. Seria necessária, para ele, a criação de incentivos ambientais.

Eckard Rehbinder relata que, na União Europeia, o uso de instrumentos de incentivo tem inquestionável utilidade para as metas da política ambiental.[18] Segundo ele, instrumentos econômicos e fiscais são utilizados, normalmente, para a redução de emissões, para a inclusão dos custos sociais da poluição nas contas do empreendedor e para proporcionar soluções com melhor custo-benefício do que a tradicional regulação

---

17 Tradução livre do autor. Do original: "*Legislators must instead learn to create agency and bureaucratic incentives that may indirectly encourage desired regulatory behavior* [...]. *Agency managers must therefore also learn to develop incentive systems that will induce better regulatory performance*" (LATIN, Howard A. Regulatory failure, administrative incentives and the new clean air act, 1997, p. 328).

18 Tradução livre do autor. Do original: "*Charges and taxes are of undoubted utility for the implementation of Community environmental policy goals*" (REHBINDER, Eckard. Environmental regulation through fiscal and economic incentives in a federalist system, 1993, p. 63).

por comando e controle.[19] Têm a vantagem de proporcionar mudanças estruturais, reduzir custos de transação para a adoção de novas tecnologias e são relativamente fáceis de corrigir quando novas informações são disponibilizadas.

Todavia, chama atenção para o fato de que o uso de alguns instrumentos econômicos, tais como a imposição de taxas, pode trazer significativo impacto no orçamento dos países, uma vez que altera o fluxo de recursos do governo.[20]

Apontaremos, na sequência, alguns exemplos de incentivos identificados no contexto brasileiro. Esses exemplos são válidos para projetarmos possibilidades de soluções para os problemas climáticos.

Redução do encargo tributário

É ampla a discussão sobre o uso de instrumentos tributários para a indução de práticas favoráveis ao meio ambiente. Luís Eduardo Schoueri[21] comenta que se chegou a cogitar um tributo calculado sobre o volume de emissões.

Segundo ele, para a introdução de tal tributo, deveria o Estado fixar um objetivo de emissão para cada elemento poluente, estimando os custos para evitar que tal limite fosse ultrapassado e fixando o tributo em valor equivalente a tais custos.

Luís Eduardo Schoueri anota:

> Acreditava-se que, do ponto de vista macroeconômico, o tributo teria a seu favor a maior eficiência, já que cada emitente buscaria pagar o menor tributo possível, além de promover o desenvolvimento técnico, já que o emitente não se satisfaria em atingir limites predeterminados. O tributo serviria,

---

19 Tradução livre do autor. Do original: "*Generally speaking, governments use economic and fiscal instruments to provide incentives for the reduction of emissions, to introduce the social costs of pollution into sources' cost bills, and to achieve more cost-effective solutions than those obtainable through traditional command and control regulation*" (REHBINDER, Eckard. Environmental regulation through fiscal and economic incentives in a federalist system, cit., p. 66).

20 Tradução livre do autor. Do original: "[…] *these economic instruments may have significant impacts on the Member States' budgetary systems because they redirect the tax flow*" (REHBINDER, Eckard. Environmental regulation through fiscal and economic incentives in a federalist system, cit., p. 63).

21 SCHOUERI, Luís Eduardo. Normas tributárias indutoras em matéria ambiental, 2005. p. 238.

assim, de mecanismo para internalizar os custos ambientais, gerando o que Gawel denomina uma correção na alocação (*Allokationskorrektur*), que ele apresenta como uma mudança comportamental no emprego de bens ambientais, sendo tal objetivo alcançado mediante uma absorção dirigida de recursos no setor privado.[22]

A tributação de atividades poluentes pode ser apontada por alguns autores como uma forma de incentivo a atividades favoráveis ao meio ambiente. Todavia, acreditamos que existem limites para a "agressividade" do legislador tributário, seja para a proteção dos princípios de direito (legalidade, igualdade, razoabilidade, proporcionalidade, capacidade contributiva etc.), seja para evitar o efeito de confisco. Por isso, entendemos ser preferível a redução de tributos para práticas saudáveis em vez do aumento para atividades danosas.

A Lei n. 12.187/2009, que institui a Política Nacional sobre Mudança do Clima, estabelece alíquotas diferenciadas, isenções, compensações e incentivos como instrumentos para estimular a redução das emissões e remoção de gases de efeito estufa.

No mesmo sentido, a Lei n. 12.305/2010 estabelece como instrumentos da Política Nacional de Resíduos Sólidos os incentivos fiscais, financeiros e creditícios (art. 8º, IX[23]).

Por sua vez, a Lei n. 11.196/2005 prevê incentivos fiscais à pessoa jurídica que produzir inovação tecnológica, o que inclui deduções, redução de Imposto sobre Produtos Industrializados (IPI), depreciação integral de máquinas no próprio ano de aquisição, amortização acelerada e redução da alíquota do imposto de renda (art. 17[24]).

---

22 SCHOUERI, Luís Eduardo. Normas tributárias indutoras em matéria ambiental, cit., p. 238.

23 Art. 8º da Lei n. 12.305/2010. "Art. 8º São instrumentos da Política Nacional de Resíduos Sólidos, entre outros: [...] IX – os incentivos fiscais, financeiros e creditícios [...]" (BRASIL. *Lei n. 12.305, de 2 de agosto de 2010*. Institui a Política Nacional de Resíduos Sólidos, altera a Lei n. 9.605, de 12 de fevereiro de 1998, e dá outras providências).

24 Art. 17 da Lei n. 11.196/2005. "Art. 17. A pessoa jurídica poderá usufruir dos seguintes incentivos fiscais: I – dedução, para efeito de apuração do lucro líquido, de valor correspondente à soma dos dispêndios realizados no período de apuração com pesquisa tecnológica e desenvolvimento de inovação tecnológica classificáveis como despesas operacionais pela legislação do Imposto sobre a Renda da Pessoa Jurídica – IRPJ ou como pagamento na forma prevista no § 2º deste artigo; II – redução de 50% (cinquenta por cento) do Imposto sobre Produtos Industrializados – IPI incidente sobre equipamentos, máquinas, aparelhos e instrumentos, bem como os acessórios sobressalentes e fer-

Em geral, como já observado por muitos dos aplicadores do Direito, as normas de incentivo fiscal são mais aceitas e recebidas do que as sanções negativas, pois estão estatuídas sob os pilares da intervenção estatal no domínio econômico, por meio da extrafiscalidade, inerente à tributação moderna. São exemplos: isenções, imunidades, alíquotas zero ou reduzidas, redução da base de cálculo, bonificações, reduções, subsídios, subvenções etc.

Redução dos procedimentos burocráticos de regularização da propriedade

A manutenção da regularidade de uma propriedade exige uma série de cuidados do proprietário. A extensa legislação ambiental, urbanística e agrária cria obrigações que, muitas vezes, são incompreensíveis ao cidadão comum, o que dificulta o seu cumprimento e exige a contratação de profissionais para assessoria técnica e jurídica.

Todavia, nem todos os proprietários têm recursos suficientes para contratar assessoria, o que resulta, invariavelmente, em uma situação de inadimplência à legislação. O pequeno proprietário rural, por exemplo, tem dificuldades não só para acessar e compreender as leis, decretos, portarias e resoluções do complexo ordenamento jurídico brasileiro, mas também para encontrar e contratar prestadores de serviços que possam interpretar tais normas. Não é raro, portanto, que esse pequeno proprietário rural cometa infrações ambientais pelo simples desconhecimento de suas obrigações legais.

---

ramentas que acompanhem esses bens, destinados à pesquisa e ao desenvolvimento tecnológico; III – depreciação integral, no próprio ano da aquisição, de máquinas, equipamentos, aparelhos e instrumentos, novos, destinados à utilização nas atividades de pesquisa tecnológica e desenvolvimento de inovação tecnológica, para efeito de apuração do IRPJ e da CSLL; IV – amortização acelerada, mediante dedução como custo ou despesa operacional, no período de apuração em que forem efetuados, dos dispêndios relativos à aquisição de bens intangíveis, vinculados exclusivamente às atividades de pesquisa tecnológica e desenvolvimento de inovação tecnológica, classificáveis no ativo diferido do beneficiário, para efeito de apuração do IRPJ; V – (*Revogado pela Lei n. 12.350/2010*). VI – redução a 0 (zero) da alíquota do imposto de renda retido na fonte nas remessas efetuadas para o exterior destinadas ao registro e manutenção de marcas, patentes e cultivares" (BRASIL. *Lei n. 11.196, de 21 de novembro de 2005*. Institui o Regime Especial de Tributação para a Plataforma de Exportação de Serviços de Tecnologia da Informação – REPES […] e dá outras providências).

Para estimular a manutenção da regularidade das propriedades ou mesmo proceder à regularização dos inadimplentes, é possível estabelecer procedimentos menos burocráticos, mais acessíveis e mais céleres àqueles que tenham práticas favoráveis ao meio ambiente. Com isso, reconhece-se o importante papel desses proprietários, ao mesmo tempo que se aumenta o número de propriedades regulares.

Da mesma forma, é possível que instituições públicas disponibilizem pontos de assistência e profissionais com conhecimento jurídico e técnico, a fim de assessorar os particulares no atendimento de suas obrigações.

Concessão de facilidades na obtenção de empréstimos financeiros

Um dos requisitos para a concessão de empréstimos pelas entidades financeiras é a demonstração da completa regularidade do empreendimento ou do imóvel a que se destinam os recursos. Para os casos em que há risco de dano ambiental, é comum que os juros cobrados sejam elevados, a fim de compensar o risco assumido pela entidade financeira.

Tal situação restringe o fornecimento de crédito e, consequentemente, o desenvolvimento de atividades que poderiam trazer um ganho ambiental.

Se fossem concedidas facilidades na obtenção de empréstimos para pessoas ou empresas que tenham práticas positivas ao meio ambiente, e se tais recursos fossem aplicados no desenvolvimento de novas atividades com efeito ambiental positivo, haveria um importante ganho ambiental.

As entidades financeiras poderiam priorizar ou conceder taxas reduzidas de juros, entre outras medidas de facilitação, para atividades com essas características, até porque o seu risco seria, muito provavelmente, menor. Esse tipo de incentivo poderá vir a ser uma regra nos financiamentos públicos.

Quanto ao tema, a Lei da Mata Atlântica (Lei n. 11.428/2006) prevê, no art. 41, I,[25] prioridade na concessão de crédito agrícola para pequenos

---

25 Art. 41 da Lei n. 11.428/2006. "Art. 41. O proprietário ou posseiro que tenha vegetação primária ou secundária em estágios avançado e médio de regeneração do Bioma Mata Atlântica receberá das instituições financeiras benefícios creditícios, entre os quais: I – prioridade na concessão de crédito agrícola, para os pequenos produtores rurais e populações tradicionais [...]" (BRASIL. *Lei n. 11.428, de 22 de dezembro de 2006.* Dispõe sobre a

produtores rurais e populações tradicionais que tenham vegetação primária ou secundária em estágios avançado e médio de regeneração do Bioma Mata Atlântica.

No mesmo sentido, como já apontado, o art. 8° da Lei n. 12.305/2010 prevê incentivos financeiros e creditícios como instrumentos da Política Nacional de Resíduos Sólidos.[26]

Fornecimento de serviços públicos

A manutenção de uma propriedade ou a condução de uma atividade econômica envolve muitos gastos e investimentos. Deixando um pouco de lado as diferenças técnicas entre gastos e investimentos, e considerando-os conjuntamente como custos, é notório que as obrigações de cunho ambiental exigem aporte de dinheiro.

Aos custos para cumprir obrigações ambientais, somem-se, também, os valores para cumprir as demais obrigações trazidas pela legislação brasileira.

Apenas a título de exemplo, a obrigação de realizar o gerenciamento de resíduos sólidos de uma atividade econômica e promover a sua destinação ambientalmente adequada envolve procedimentos de armazenamento, tratamento, transporte e destinação final, o que, muitas vezes, é realizado mediante a contratação de empresas especializadas. Os valores necessários para esse gerenciamento são consideravelmente superiores, por exemplo, ao simples descarte irregular (o que, infelizmente, ainda é uma prática comum no Brasil).

Para que as empresas que adotem práticas saudáveis ao meio ambiente sejam competitivas, é importante que seus custos sejam reduzidos.

Os pequenos proprietários ou posseiros têm uma dificuldade ainda maior, considerando a escassez de seus recursos financeiros. Não é raro, no contexto brasileiro, uma família rural dividir uma renda próxima do salário mínimo para sua subsistência.

Com renda tão baixa, é pouco provável que o proprietário ou o posseiro terá condições de utilizar as técnicas mais avançadas e menos impac-

---

utilização e proteção da vegetação nativa do Bioma Mata Atlântica, e dá outras providências).

26 Art. 8° da Lei n. 12.305/2010. "Art. 8° São instrumentos da Política Nacional de Resíduos Sólidos, entre outros: [...] IX – os incentivos fiscais, financeiros e creditícios [...]".

tantes, sob o ponto de vista ambiental. Em alguns casos, vale dizer, seria possível a aplicação de uma técnica de produção menos impactante, mas o produtor simplesmente a desconhece por ignorância técnica.

Se esses pequenos proprietários ou possuidores pudessem ter acesso a informações e a uma infraestrutura mínima, desde que sua renda não reduzisse, certamente adotariam técnicas mais benéficas ao meio ambiente. Tais informações e infraestrutura englobam, por exemplo, o oferecimento de cursos de capacitação técnica, escolas, hospitais, ferramentas, transporte, comunicação etc.

Em suma, pessoas físicas ou jurídicas necessitam de serviços mínimos para que possam adotar práticas mais saudáveis ao meio ambiente. São o que denominamos serviços públicos. Estímulos positivos são imprescindíveis para a indução do desenvolvimento do Brasil e que, para o desenvolvimento econômico, são necessárias medidas de orientação, incentivo e estimulação, todas elas no âmbito da prestação de serviços públicos.

Na temática ambiental, merece destaque especial o apoio técnico, principalmente com relação aos pequenos proprietários e empresários. A disseminação de técnicas ambientalmente corretas e economicamente mais eficientes pode trazer importantes ganhos ao meio ambiente, à sociedade e à economia.

O apoio técnico pode estar voltado a procedimentos de plantio; utilização racional da água; exploração correta de áreas com desnível a fim de evitar erosão; aproveitamento de energia solar, eólica ou hidráulica, entre tantas outras possibilidades.

Disponibilização de tecnologia

Uma das formas de reduzir os impactos e danos ambientais na atividade econômica é o emprego de técnicas mais eficientes, que demandem menos recursos naturais e geram menos desperdício. As técnicas de produção evoluem conforme evolui a tecnologia.

Por isso, a disponibilização de tecnologia ou a facilitação ao seu acesso pode representar um aumento da eficiência do setor produtivo, ao mesmo tempo que reduz os impactos e os danos ambientais.

A título de exemplo, a Empresa Brasileira de Pesquisa Agropecuária (Embrapa) tem viabilizado soluções de pesquisa, desenvolvimento e inovação para a sustentabilidade da agricultura brasileira. No período entre

1976 e 2011, a área plantada destinada a grãos e sementes oleaginosas aumentou 43,92%, enquanto a produção aumentou por volta de 249,56% e os rendimentos aumentaram 2,4 vezes.[27]

Lembre-se de que a ideia de incentivos a empresas voltadas à melhoria da qualidade do meio ambiente já foi incorporada pelo legislador brasileiro. Nessa linha, previu-se como instrumento da Política Nacional do Meio Ambiente a concessão de incentivos à produção e instalação de equipamentos voltados à melhoria da qualidade ambiental na Lei n. 6.938/81 (art. 9º,V).[28]

Criação de lista ou de ranking *das pessoas com boas práticas ambientais*

O mecanismo de criação de lista tem ampla aplicação no Brasil, mas está, atualmente, focado no registro de pessoas com condutas lesivas ou ilegais. O exemplo mais conhecido é o cadastro de consumidores inadimplentes criado por instituições e empresas do setor comercial brasileiro denominado "Serviço de Proteção ao Crédito" (SPC).

Empresas como a Serasa Experian[29] também oferecem banco de dados de consumidores inadimplentes, a fim de evitar prejuízos aos comerciantes.

É válido citar, também, o cadastro criado pelo Ministério do Trabalho e Emprego de empresas e pessoas autuadas por exploração do trabalho escravo. O cadastro é divulgado no sítio oficial do Ministério do Trabalho e Emprego e atualizado periodicamente.

A inclusão do nome do infrator no cadastro ocorre após decisão administrativa final relativa a auto de infração lavrado em decorrência de ação fiscal, em que tenha havido a identificação de trabalhadores submetidos a condições análogas à de escravo.

Há, por enquanto, um número pequeno de iniciativas voltadas à criação de listas ou *rankings* positivos. Um exemplo que pode ser citado é o

---

27 EMBRAPA. *Missão e atuação.* Disponível em: http://www.embrapa.br/a_embrapa/missao_e_atuacao. Acesso em: 17 dez. 2024

28 Art. 9º da Lei n. 6.938/1981. "Art. 9º São instrumentos da Política Nacional do Meio Ambiente: [...] V – os incentivos à produção e instalação de equipamentos e a criação ou absorção de tecnologia, voltados para a melhoria da qualidade ambiental [...]" (BRASIL. *Lei n. 6.938, de 31 de agosto de 1981.* Dispõe sobre a Política Nacional do Meio Ambiente, seus fins e mecanismos de formulação e aplicação, e dá outras providências).

29 SERASA EXPERIAN. *Home page.* Disponível em: www.serasaexperian.com.br.

Cadastro Positivo do SPC. Trata-se de um banco de dados com informações de consumidores que têm histórico favorável de pagamento.[30]

Outro exemplo, utilizado no mercado financeiro, é o Índice de Sustentabilidade Empresarial (ISE). Trata-se de uma ferramenta para análise comparativa da *performance* das empresas listadas na B3 sob o aspecto da sustentabilidade corporativa, baseada em eficiência econômica, equilíbrio ambiental, justiça social e governança corporativa.

O ISE amplia o entendimento sobre empresas e grupos comprometidos com a sustentabilidade, diferenciando-os em termos de qualidade, nível de compromisso com o desenvolvimento sustentável, equidade, transparência e prestação de contas, natureza do produto, além do desempenho empresarial nas dimensões econômico-financeira, social, ambiental e de mudanças climáticas.

Na seara ambiental, excluindo o ISE, não há listas ou *ranking* positivos. Para uma pesquisa sobre o histórico de infrações ambientais de uma pessoa física ou jurídica, é necessário consultar formalmente todos os órgãos ambientais municipais, estaduais e federais, além das promotorias do Ministério Público, dos tribunais de cada um dos Estados (Justiça Estadual) e das seções judiciárias (Justiça Federal).

É importante que sejam criadas listas ou *rankings* das pessoas com boas práticas ambientais, seja para estimular os particulares, seja para facilitar sua comprovação de regularidade com a legislação ambiental. A lista também auxiliaria na análise de instituições financeiras quanto aos riscos de concessão de empréstimos.

Criação de instrumentos de mercado

Os instrumentos de mercado estabelecem direitos transacionáveis que podem estar relacionados a créditos referentes à redução de emissão de substância poluentes, à preservação ambiental, à reposição de recursos naturais, à redução de emissão de gases de efeito estufa etc.

O mecanismo estimula o setor produtivo a reduzir seus impactos ambientais, para que eventuais créditos gerados dessa redução possam ser comercializados e refletir renda adicional ao negócio. As pessoas tentarão

---

30 SPC BRASIL. *Consulte seu CPF de forma gratuita.* Disponível em: https://www.spcbrasil.org. br/consumidor/cadastro-positivo.

reduzir ao máximo a sua poluição, de forma a ganhar cada vez mais proventos com a venda dos direitos.

Um exemplo implantado em nível internacional é justamente o mercado de carbono, seja aquele desenvolvido pelas regras da Convenção-Quadro das Nações Unidas sobre Mudança do Clima, seja aquele realizado de maneira voluntária, em que certificadoras internacionais emitem certificados de redução com base em suas próprias regras.

No Brasil, outro exemplo refere-se à Cota de Reserva Ambiental (CRA), criada pela Lei n. 12.651/2012, definida como um título nominativo representativo de área de vegetação nativa existente ou em processo de recuperação.[31] Cada CRA representa 1 hectare de área com vegetação. A CRA permite que sejam negociados títulos entre proprietários para fins de cumprimento da legislação ambiental quanto às áreas que devem ser preservadas no interior das propriedades.

A evolução do Direito Ambiental no Brasil e a sua finalidade

Faremos uma rápida abordagem da evolução do direito ambiental no Brasil para você, leitor, identificar tendências e entender a posição do país, principalmente em relação a sanções e estímulos.

A legislação portuguesa, vigente no Brasil colônia, proibia o corte de árvores frutíferas; vedava a caça de perdizes, de lebres e de coelhos com redes, fios ou outros meios ou instrumentos capazes de causar dor e sofrimento na morte desses animais; e punia com multa quem jogasse material que sujasse rios ou viesse a matar peixes.[32]

---

31 Art. 44 da Lei n. 12.651/2012. "Art. 44. É instituída a Cota de Reserva Ambiental – CRA, título nominativo representativo de área com vegetação nativa, existente ou em processo de recuperação: [...]" (BRASIL. *Lei n. 12.651, de 25 de maio de 2012*. Dispõe sobre a proteção da vegetação nativa; altera as Leis ns. 6.938, de 31 de agosto de 1981, 9.393, de 19 de dezembro de 1996, e 11.428, de 22 de dezembro de 2006; revoga as Leis ns. 4.771, de 15 de setembro de 1965, e 7.754, de 14 de abril de 1989, e a Medida Provisória n. 2.166-67, de 24 de agosto de 2001; e dá outras providências).

32 FREITAS, Gilberto Passos de. *A Constituição Federal e a efetividade das normas ambientais.* Tese (Doutorado em Direito) – Faculdade de Direito, Universidade Federal do Paraná, Curitiba, 1998. p. 9. *In verbis:* "As Ordenações Afonsinas, no Livro V, Título LVIII, proibiam o corte de árvores frutíferas; o Livro V, Título LXXXIII, das Ordenações Manoelinas, vedava a caça de perdizes, lebres e coelhos com redes, fios, bois ou outros meios e instrumentos capazes de causar dor e sofrimento na morte desses animais; as Ordenações Fili-

Todavia, foram as Ordenações Manuelinas que trouxeram normas mais detalhadas sobre a proteção ao meio ambiente.[33] Segundo Georgette Nacarato Nazo e Toshio Mukai, as Ordenações Manuelinas introduziram um zoneamento ambiental, para que a caça fosse vedada em determinados lugares.[34]

Teria sido 12 de dezembro de 1605 a data em que a primeira lei de proteção florestal do Brasil foi criada, ficando conhecida como "Regimento do Pau-Brasil".[35] A partir de então, os autores apontam que foram editadas várias determinações reais sob a forma de leis, alvarás, cartas régias e regimentos.[36]

Foi somente no período do Império, iniciado em 1808, que as normas brasileiras de cunho ambiental passaram a reconhecer a teoria da reparação do dano ecológico.[37] Em 1830, é promulgado o Código Penal, com dois dispositivos (arts. 178 e 257), que estabeleciam penas para o corte ilegal de madeiras.[38]

Posteriormente, em 1850, foi promulgada a Lei n. 601, estabelecendo punições para a derrubada de matas e queimadas, responsabilizando o infrator, civilmente, com o pagamento de multa e, penalmente, com a prisão, que poderia variar de dois a seis meses.[39] Todavia, foi apenas no período republicano, iniciado em 1889, que apareceram os primeiros diplomas legais setoriais, que iniciam a proteção específica do meio ambiente.[40]

Para Georgette Nacarato Nazo e Toshio Mukai, foi no período compreendido entre as décadas de 1960 e 1970 que surgiram "os principais diplomas legais, já com uma preocupação mais concreta com a proteção ambiental".[41] A partir da década de 1970, apontam os autores, as preocu-

---

pinas protegiam as águas, no Livro LXXV, Título LXXXVIII, § 7°, punindo com multa quem jogasse material que sujasse ou viesse a matar os peixes".

33 NAZO, Georgette Nacarato; MUKAI, Toshio. O direito ambiental no Brasil: evolução histórica e a relevância do direito internacional do meio ambiente, 2011. p. 1.063.

34 NAZO, Georgette Nacarato; MUKAI, Toshio. O direito ambiental no Brasil, cit., p. 1.064.

35 NAZO, Georgette Nacarato; MUKAI, Toshio. O direito ambiental no Brasil, cit., p. 1.064.

36 NAZO, Georgette Nacarato; MUKAI, Toshio. O direito ambiental no Brasil, cit., p. 1.064.

37 WAINER, Ann Helen. *Legislação ambiental do Brasil*: subsídios para a história do direito ambiental, 1991, p. 5.

38 WAINER, Ann Helen. *Legislação ambiental do Brasil*, cit., p. 57.

39 WAINER, Ann Helen. *Legislação ambiental do Brasil*, cit., p. 57.

40 NAZO, Georgette Nacarato; MUKAI, Toshio. O direito ambiental no Brasil, cit., p. 1.066.

41 NAZO, Georgette Nacarato; MUKAI, Toshio. O direito ambiental no Brasil, cit., p. 1.067.

pações ambientalistas fortaleceram-se não só no Brasil, mas também em todo o mundo.

> Esta década é a mais importante para o início da consolidação das preocupações ambientalistas, pois é em 1972, em Estocolmo, que, sob o patrocínio da ONU [Organização das Nações Unidas], realiza-se a célebre Conferência sobre o Meio Ambiente (de 5 a 16.06.1972).[42]

Na década de 1980, como aponta Vladimir Passos de Freitas, a evolução do Direito Ambiental continua em aceleração, quando, então, são editados novos importantes diplomas:

> [...] na década de oitenta, a evolução [do direito ambiental] se acelerou. Primeiro, por força da Lei da Política Nacional do Meio Ambiente (6.938, de 31.08.1981); depois em razão da Lei da Ação Civil Pública (7.347, de 24.07.1985); finalmente, com a entrada em vigor da nova Constituição Federal (05.10.1988).[43]

Em 1992, outro importante evento de cunho ambiental em nível internacional influenciou o Direito Ambiental brasileiro, também organizado pela ONU. Dessa vez, entretanto, o evento foi realizado em solo brasileiro. Tratou-se da Conferência das Nações Unidas sobre Meio Ambiente e Desenvolvimento.

Guido Soares ressalta a evolução ocorrida nos 20 anos que separaram as Conferências de Estocolmo e do Rio de Janeiro, como se observa no trecho a seguir transcrito:

> Num evidente clima de urgência de uma regulamentação enérgica sobre o meio ambiente mundial, fortemente motivado pelos graves acidentes que causavam verdadeira comoção pública na maioria dos Estados, além da pressão da opinião pública sobre as diplomacias dos Estados, aliada aos resultados alarmantes de cientistas sobre a situação de desequilíbrio no meio ambiente, a maioria dos países, na AG da ONU, resolveu convocar uma

---

42 NAZO, Georgette Nacarato; MUKAI, Toshio. *O direito ambiental no Brasil*, cit., p. 1068.
43 FREITAS, Gilberto Passos de. *A Constituição Federal e a efetividade das normas ambientais*, cit., p. 15.

grande conferência internacional para discutir a questão da preservação do meio ambiente, mas sem perder a dimensão que os países em desenvolvimento insistiam em discutir, conjuntamente: a questão do desenvolvimento e das disparidades de níveis econômicos existentes entre os Estados. A temática da implantação de uma "nova ordem econômica internacional" não poderia fazer falta nas discussões daquele período, tendo em vista que ela era o tema mais importante de qualquer reunião sob a égide da ONU. As próprias denominações das conferências internacionais de 1972 e 1992 revelam enfoques distintos e, sobretudo, temáticas diferentes; em Estocolmo, em 1972, tinha sido [a] Conferência das Nações Unidas sobre o Meio Ambiente Humano e, em 1992, no Rio de Janeiro, a denominação oficial da ECO-92 foi Conferência das Nações Unidas sobre Meio Ambiente e Desenvolvimento.[44]

Nesse sentido, merece destaque outro ponto, frequentemente suscitado quando se discute a evolução das discussões ambientais em nível internacional, qual seja, o deslocamento, nas grandes discussões políticas e diplomáticas, do eixo Leste-Oeste (países capitalistas *versus* países socialistas) para o eixo Norte-Sul (países industrializados *versus* países em desenvolvimento ou, em termos mais recentes, países do norte global *versus* países do sul global). A Queda do Muro de Berlim pôs fim à confrontação entre Leste e Oeste e acompanhou o esfacelamento da antiga União das Repúblicas Socialistas Soviéticas (URSS), deslocando a atenção dos Estados na citada disparidade Norte-Sul e nas questões da pobreza mundial.

Paralelamente, alterou-se a estratégia utilizada para garantir o cumprimento do tratado internacional. O sistema baseado na punição — a exemplo do que ocorreu nos tratados assinados no âmbito da Organização Mundial do Comércio (OMC) — foi substituído por um sistema de benefícios e incentivos. Tratou-se de uma tentativa de remediar o problema da eficácia no âmbito internacional, promovendo-se o cumprimento das obrigações internacionais pela via do reforço positivo em detrimento da punição.

Esse sistema também foi adotado em nível nacional pelo Brasil, por motivos diferentes, de forma que já são numerosas as situações em que o

---

44 SOARES, Guido. *A proteção internacional do meio ambiente*, 2003, p. 44.

ordenamento jurídico previu incentivos para condutas saudáveis ao ambiente, tema já abordado neste livro.

As normas que concedem incentivos ambientais têm formado um importante sistema de estímulo às boas práticas ambientais nas esferas federal, estadual e municipal no Brasil. A seguir serão citadas as principais normas atualmente em vigor.

Apesar de sua forte característica de comando e controle, foi a Política Nacional do Meio Ambiente (Lei federal n. 6.938/81) que previu como princípio a concessão de incentivos ao estudo e à pesquisa de tecnologias orientadas para o uso racional e a proteção dos recursos ambientais (art. 2º, VI[45]). A mesma lei ainda estabelece como instrumento de implementação da Política Nacional do Meio Ambiente a concessão de incentivos à produção e instalação de equipamentos e a criação ou absorção de tecnologia, voltados para a melhoria da qualidade ambiental (art. 9º, V[46]).

Citemos também a Lei n. 11.428/2006,[47] que tratou da utilização e proteção da vegetação nativa do bioma Mata Atlântica. A Lei da Mata Atlântica, como ficou nacionalmente conhecida, prevê que, sem prejuízo das obrigações assumidas pelos proprietários e posseiros, sejam concedidos incentivos econômicos para estimular a proteção e o uso sustentável do bioma (art. 33[48]).

A mesma lei, no art. 41, ainda prevê a concessão de incentivos creditícios para o proprietário ou posseiro que tenha vegetação primária ou secundária em estágios avançado e médio de regeneração do Bioma Mata Atlântica. Com isso, os pequenos produtores rurais e as po-

---

45 Art. 2º da Lei n. 6.938/1981. "Art. 2º A Política Nacional do Meio Ambiente tem por objetivo a preservação, melhoria e recuperação da qualidade ambiental propícia à vida, visando assegurar, no País, condições ao desenvolvimento socioeconômico, aos interesses da segurança nacional e à proteção da dignidade da vida humana, atendidos os seguintes princípios: [...] VI – incentivos ao estudo e à pesquisa de tecnologias orientadas para o uso racional e a proteção dos recursos ambientais [...]".

46 Art. 9º da Lei n. 6.938/1981. "Art. 9º São instrumentos da Política Nacional do Meio Ambiente: [...] V – os incentivos à produção e instalação de equipamentos e a criação ou absorção de tecnologia, voltados para a melhoria da qualidade ambiental [...]".

47 BRASIL. *Lei n. 11.428, de 22 de dezembro de 2006*, cit.

48 Art. 33 da Lei n. 11.428/2006. "Art. 33. O poder público, sem prejuízo das obrigações dos proprietários e posseiros estabelecidas na legislação ambiental, estimulará, com incentivos econômicos, a proteção e o uso sustentável do Bioma Mata Atlântica".

pulações tradicionais terão prioridade na concessão de crédito agrícola (art. 41, I[49]).

Também em nível federal, convém apontar a Lei n. 12.187/2009,[50] que instituiu a Política Nacional sobre Mudança do Clima. No art. 5º, VII,[51] é previsto como diretriz da Política a utilização de instrumentos financeiros e econômicos para promover ações de mitigação e adaptação à mudança do clima. Como instrumentos da Política Nacional, são previstas medidas fiscais e tributárias destinadas a estimular a redução de emissões e remoção de gases de efeito estufa, incluindo alíquotas diferenciadas, isenções, compensações e incentivos, a serem estabelecidos em lei específica (art. 6º,VI[52]).

A Política Nacional de Resíduos Sólidos, instituída pela Lei n. 12.305/2010,[53] traz inúmeros dispositivos em que incentivos são criados para possibilitar o gerenciamento dos resíduos sólidos em território brasileiro. A título de exemplo, o art. 7º[54] da norma determina a con-

---

49 Art. 41 da Lei n. 11.428/2006. "Art. 41. O proprietário ou posseiro que tenha vegetação primária ou secundária em estágios avançado e médio de regeneração do Bioma Mata Atlântica receberá das instituições financeiras benefícios creditícios, entre os quais: I – prioridade na concessão de crédito agrícola, para os pequenos produtores rurais e populações tradicionais".

50 BRASIL. *Lei n. 12.187, de 29 de dezembro de 2009.* Institui a Política Nacional sobre Mudança ddo Clima – PNCC, e dá outras providências.

51 Art. 5º da Lei n. 12.187/2009. "Art. 5º São diretrizes da Política Nacional sobre Mudança do Clima: [...] VII – a utilização de instrumentos financeiros e econômicos para promover ações de mitigação e adaptação à mudança do clima, observado o disposto no art. 6º [...]".

52 Art. 6º da Lei n. 12.187/2009. "Art. 6º São instrumentos da Política Nacional sobre Mudança do Clima: [...] VI – as medidas fiscais e tributárias destinadas a estimular a redução das emissões e remoção de gases de efeito estufa, incluindo alíquotas diferenciadas, isenções, compensações e incentivos, a serem estabelecidos em lei específica [...]".

53 BRASIL. *Lei n. 12.305, de 2 de agosto de 2010,* cit.

54 Art. 7º da Lei n. 12.305/2010. "Art. 7º São objetivos da Política Nacional de Resíduos Sólidos: I – proteção da saúde pública e da qualidade ambiental; II – não geração, redução, reutilização, reciclagem e tratamento dos resíduos sólidos, bem como disposição final ambientalmente adequada dos rejeitos; III – estímulo à adoção de padrões sustentáveis de produção e consumo de bens e serviços; IV – adoção, desenvolvimento e aprimoramento de tecnologias limpas como forma de minimizar impactos ambientais;V – redução do volume e da periculosidade dos resíduos perigosos;VI – incentivo à indústria da reciclagem, tendo em vista fomentar o uso de matérias-primas e insumos derivados de materiais recicláveis e reciclados;VII – gestão integrada de resíduos sólidos;VIII – articulação entre as diferentes esferas do poder público, e destas com o setor empresarial, com vistas à cooperação técnica e financeira para a gestão integrada de resíduos sólidos; IX – capacitação técnica continuada na área de resíduos sólidos; X – regularidade, continuidade, funciona-

cessão de (i) incentivo à indústria da reciclagem para fomentar o uso de matérias-primas e insumos derivados de materiais recicláveis e reciclados; (ii) incentivo ao desenvolvimento de sistemas de gestão ambiental e empresarial voltados para a melhoria dos processos produtivos e ao reaproveitamento dos resíduos sólidos, incluídos a recuperação e o aproveitamento energético e (iii) estímulo à rotulagem ambiental e ao consumo sustentável.

Adicionalmente, incentivos fiscais, financeiros e creditícios são expressamente definidos como instrumentos da Política Nacional de Resíduos Sólidos (art. 8°, IX[55]).

Vale especial menção à Lei n. 12.512/2011,[56] que instituiu o Programa de Apoio à Conservação Ambiental.

A lei apresenta como objetivos do Programa: (i) incentivar a conservação dos ecossistemas; (ii) promover a cidadania, a melhoria das condições de vida e a elevação da renda da população em extrema pobreza que exerça atividades de conservação dos recursos naturais no meio rural e (iii) incentivar a participação de seus beneficiários em ações de capacitação ambiental, social, educacional, técnica e profissional.

A norma autoriza que a União transfira recursos financeiros e disponibilize serviços de assistência técnica a famílias em situação de extrema

---

lidade e universalização da prestação dos serviços públicos de limpeza urbana e de manejo de resíduos sólidos, com adoção de mecanismos gerenciais e econômicos que assegurem a recuperação dos custos dos serviços prestados, como forma de garantir sua sustentabilidade operacional e financeira, observada a Lei n. 11.445, de 2007; XI – prioridade, nas aquisições e contratações governamentais, para: a) produtos reciclados e recicláveis; b) bens, serviços e obras que considerem critérios compatíveis com padrões de consumo social e ambientalmente sustentáveis; XII – integração dos catadores de materiais reutilizáveis e recicláveis nas ações que envolvam a responsabilidade compartilhada pelo ciclo de vida dos produtos; XIII – estímulo à implementação da avaliação do ciclo de vida do produto; XIV – incentivo ao desenvolvimento de sistemas de gestão ambiental e empresarial voltados para a melhoria dos processos produtivos e ao reaproveitamento dos resíduos sólidos, incluídos a recuperação e o aproveitamento energético; XV – estímulo à rotulagem ambiental e ao consumo sustentável".

55 Art. 8° da Lei n. 12.305/2010. "Art. 8° São instrumentos da Política Nacional de Resíduos Sólidos, entre outros: [...] IX – os incentivos fiscais, financeiros e creditícios [...]".

56 BRASIL. *Lei n. 12.512, de 14 de outubro de 2011.* Institui o Programa de Apoio à Conservação Ambiental e o Programa de Fomento às Atividades Produtivas Rurais; altera as Leis ns. 10.696, de 2 de julho de 2003, 10.836, de 9 de janeiro de 2004, e 11.326, de 24 de julho de 2006.

pobreza que desenvolvam atividades de conservação de recursos naturais no meio rural (art. 2°[57]).

Na mesma linha, a Lei n. 12.651/2012[58] permite ao governo federal instituir

> Art. 41. [...] programa de apoio e incentivo à conservação do meio ambiente, bem como para adoção de tecnologias e boas práticas que conciliem a produtividade agropecuária e florestal, com redução dos impactos ambientais, como forma de promoção do desenvolvimento ecologicamente sustentável [...].[59]

Abordando outro tema, a Lei n. 12.854/2013:[60]

> Art. 1° [...] fomenta e incentiva ações que promovam a recuperação florestal e a implantação de sistemas agroflorestais em áreas rurais desapropriadas pelo Poder Público e em áreas degradadas em posse de agricultores familiares assentados, de quilombolas e de indígenas.[61]

A lei prevê a utilização de recursos de fundos nacionais e de outras fontes provenientes de acordos bilaterais ou multilaterais, de acordos decorrentes de ajustes, contratos de gestão e convênios celebrados com

---

57 Art. 2° da Lei n. 12.512/2011. "Art. 2° Para cumprir os objetivos do Programa de Apoio à Conservação Ambiental, a União fica autorizada a transferir recursos financeiros e a disponibilizar serviços de assistência técnica a famílias em situação de extrema pobreza que desenvolvam atividades de conservação de recursos naturais no meio rural, conforme regulamento".

58 BRASIL. *Lei n. 12.651, de 25 de maio de 2012.*

59 Art. 41 da Lei n. 12.651/2012. "Art. 41. É o Poder Executivo federal autorizado a instituir, sem prejuízo do cumprimento da legislação ambiental, programa de apoio e incentivo à conservação do meio ambiente, bem como para adoção de tecnologias e boas práticas que conciliem a produtividade agropecuária e florestal, com redução dos impactos ambientais, como forma de promoção do desenvolvimento ecologicamente sustentável, observados sempre os critérios de progressividade, abrangendo as seguintes categorias e linhas de ação".

60 BRASIL. *Lei n. 12.854, de 26 de agosto de 2013.* Fomenta e incentiva ações que promovam a recuperação florestal e a implantação de sistemas agroflorestais em áreas rurais desapropriadas e em áreas degradadas, nos casos que especifica.

61 Art. 1° da Lei n. 12.854/2013. "Art. 1° Esta Lei fomenta e incentiva ações que promovam a recuperação florestal e a implantação de sistemas agroflorestais em áreas rurais desapropriadas pelo Poder Público e em áreas degradadas em posse de agricultores familiares assentados, de quilombolas e de indígenas".

órgãos e entidades da Administração Pública federal, estadual ou municipal, de doações e, ainda, de verbas do orçamento da União ou privadas (art. 4º).[62]

É bastante claro que o legislador brasileiro aumentou o ritmo, recentemente, da criação de incentivos de caráter ambiental para buscar a proteção do meio ambiente, reforçando o papel promocional do Estado.

Há exemplos, também, na esfera estadual, como é o caso da Lei n. 13.798/2009[63] do Estado de São Paulo (regulamentada pelo Decreto estadual n. 68.308/2024), que cria a Política Estadual de Mudanças Climáticas. A norma prevê, em seu art. 9º, § 2º,[64] a concessão de incentivos para pessoas que, voluntariamente, aderirem ao sistema de registro público de emissões de gases, sob a responsabilidade do Estado. São eles: (i) fomento para reduções de emissões de gases de efeito estufa; (ii) ampliação do prazo de renovação de licenças ambientais; (iii) priorização e menores taxas de juros em financiamentos públicos; (iv) certificação de conformidade; e (v) incentivos fiscais.

Também no Estado de São Paulo, o Decreto n. 59.260/2013[65] instituiu o Programa Estadual de Apoio Financeiro a Ações Ambientais, denominado Crédito Ambiental Paulista. O programa presta apoio financeiro a ações ambientais desenvolvidas por prefeituras, entidades, cidadãos

---

62 Art. 4º da Lei n. 12.854/2013. "Art. 4º As ações de recuperação florestal e a implantação de sistemas agroflorestais poderão ser financiadas com recursos de fundos nacionais como o de Mudança do Clima, o da Amazônia, o do Meio Ambiente e o de Desenvolvimento Florestal, além de outras fontes provenientes de acordos bilaterais ou multilaterais, de acordos decorrentes de ajustes, contratos de gestão e convênios celebrados com órgãos e entidades da Administração Pública federal, estadual ou municipal, de doações e, ainda, de verbas do orçamento da União ou privadas".

63 SÃO PAULO. *Lei n. 13.798, de 9 de novembro de 2009.* Institui a Política Estadual de Mudanças Climáticas – PEMC.

64 Art. 9º da Lei estadual paulista n. 13.798/2009. "Art. 9º O Estado criará e manterá o Registro Público de Emissões, com o objetivo de estabelecer critérios mensuráveis e o transparente acompanhamento do resultado de medidas de mitigação e absorção de gases de efeito estufa, bem como auxiliar os agentes privados e públicos na definição de estratégias para aumento de eficiência e produtividade. [...] § 2º O Poder Público definirá, entre outros, os seguintes incentivos para a adesão ao Registro Público: 1. fomento para reduções de emissões de gases de efeito estufa; 2. ampliação do prazo de renovação de licenças ambientais; 3. priorização e menores taxas de juros em financiamentos públicos; 4. certificação de conformidade; 5. incentivos fiscais [...]".

65 SÃO PAULO. *Decreto n. 59.260, de 5 de junho de 2013.* Institui o Programa Estadual de apoio financeiro a ações ambientais, denominado Crédito Ambiental Paulista, e dá providências correlatas.

e empresas e está voltado às seguintes iniciativas: (i) pagamento por serviços ambientais para conservação de remanescentes florestais e recuperação ecológica; (ii) ações voltadas ao incentivo à reciclagem, à coleta e ao tratamento adequado de resíduos sólidos; (iii) educação ambiental e (iv) ações voltadas ao combate a incêndios em áreas florestais, agrícolas e pastoris.

O Estado do Pará, por sua vez, editou a Lei estadual n. 7.638/2012,[66] pela qual estabeleceu incentivos ambientais aos municípios que abriguem em seu território unidades de conservação e outras áreas protegidas e que participem de sua implementação e gestão. De acordo com a lei, o repasse do Imposto sobre a Circulação de Mercadorias e Serviços (ICMS) deverá seguir critérios ecológicos (art. 1°[67]), o que significa que haverá tratamento especial aos municípios que criarem e gerenciarem unidades de conservação e demais áreas protegidas.[68]

No Estado de Minas Gerais, a Lei estadual n. 20.922/2013[69] criou incentivos fiscais e incentivos especiais para toda pessoa física ou jurídica que (i) preservar e conservar vegetação nativa; (ii) implantar sistemas agroflorestais em áreas degradadas; (iii) recuperar áreas degradadas com espécies nativas; (iv) sofrer limitações ou restrições no uso de recursos naturais de sua propriedade, mediante ato do órgão competente federal, estadual ou municipal, para fins de proteção dos ecossistemas e de conservação do solo;

---

66 PARÁ. *Lei n. 7.638, de 12 de julho de 2012.* Dispõe sobre o tratamento especial de que trata o § 2° do art. 225 da Constituição do Estado do Pará.

67 Art. 1° da Lei estadual paraense n. 7.638/2012. "Art. 1° As parcelas da receita de que trata o § 2° do art. 225 da Constituição do Estado serão creditadas segundo o critério ecológico, sem prejuízo daqueles instituídos em outras leis". O § 2° do art. 225 da Constituição do Estado do Pará tem o seguinte teor: "§ 2° É assegurado aos Municípios que tenham parte de seus territórios integrando unidades de conservação ambiental, tratamento especial, quanto ao crédito das parcelas da receita referenciada no artigo 158, IV e parágrafo único, II, da Constituição Federal, sem prejuízo de outras receitas, na forma da lei" (PARÁ. *Constituição Estadual*, 1989).

68 De acordo com o art. 158, IV, da Constituição Federal, 25% do ICMS arrecadado pelo Estado pertence aos municípios. *In verbis*: "Art. 158. Pertencem aos Municípios: [...] IV − 25% (vinte e cinco por cento): Redação dada pela EC n. 132, de 2023) a) do produto da arrecadação do imposto do Estado sobre operações relativas à circulação de mercadorias e sobre prestações de serviços de transporte interestadual e intermunicipal e de comunicação; (Incluído pela EC n. 132, de 2023); b) do produto da arrecadação do imposto previsto no art. 156-A distribuída aos Estados. (Incluído pela EC n. 132, de 2023)" (BRASIL. *Constituição Federal*, 1988).

69 MINAS GERAIS. *Lei n. 20.922, de 16 de outubro de 2013.* Dispõe sobre as políticas florestal e de proteção à biodiversidade no Estado.

(v) proteger e recuperar corpos d'água; (vi) praticar técnicas de agricultura de baixo carbono; (vii) criar e implantar Reserva Particular do Patrimônio Natural; (viii) contribuir na implantação e manutenção de Unidades de Conservação estaduais por meio de investimentos ou de custeio ou na administração dessas unidades por meio de cogestão ou (ix) praticar agricultura agroecológica ou orgânica (art. 103[70]).

Em nível municipal, também poderíamos citar leis municipais que têm criado isenções ou reduções na cobrança do Imposto Predial e Territorial Urbano (IPTU) para os proprietários de imóveis que trazem ganhos ambientais à cidade.

Com tantos exemplos assim, podemos notar que são cada vez mais presentes, no ordenamento jurídico, normas de caráter estimulador às boas práticas ambientais. É importante que o legislador siga nesse rumo para que as normas de proteção ao meio ambiente sejam cada vez mais eficazes.

O Direito Internacional Ambiental e a experiência dos países na concessão de incentivos

Tratar do Direito Internacional Ambiental é importante porque foi justamente nessa seara – a internacional – que os mecanismos de incentivo ganharam protagonismo, em razão da inexistência, em muitos casos, de instrumentos de coerção que obrigassem ou garantissem o cumprimento dos tratados internacionais firmados entre os países.

Não existe um órgão ou instituição de caráter ambiental competente para estabelecer regras e punições por danos ambientais aos países do

---

70 Art. 103 da Lei estadual mineira n. 20.922/2013. "Art. 103. O poder público, por meio dos órgãos competentes, criará normas de apoio e incentivos fiscais e concederá incentivos especiais para a pessoa física ou jurídica que: I – preservar e conservar vegetação nativa; II – implantar sistemas agroflorestais em áreas degradadas; III – recuperar áreas degradadas com espécies nativas; IV – sofrer limitações ou restrições no uso de recursos naturais de sua propriedade, mediante ato do órgão competente federal, estadual ou municipal, para fins de proteção dos ecossistemas e de conservação do solo; V – proteger e recuperar corpos d'água; VI – praticar técnicas de agricultura de baixo carbono, entre elas a integração lavoura-pecuária-floresta – ILPF; VII – criar e implantar Reservas Particulares do Patrimônio Natural; VIII – contribuir na implantação e manutenção de Unidades de Conservação estaduais por meio de investimentos ou de custeio ou na administração dessas unidades por meio de cogestão; IX – praticar agricultura agroecológica ou orgânica [...]".

planeta. No âmbito da ONU, há apenas uma agência denominada Programa das Nações Unidas para o Meio Ambiente (PNUMA, em inglês, *United Nations Environment Programme*), responsável por promover a conservação do meio ambiente e o uso eficiente de recursos no contexto do desenvolvimento sustentável. Mas essa agência não pode, por exemplo, aplicar uma multa ao Brasil ou ao Paraguai por determinado dano que tenha sido causado.

A agência foi estabelecida em 1972 e tem entre seus principais objetivos manter o estado do meio ambiente global sob contínuo monitoramento; alertar povos e nações sobre problemas e ameaças ao meio ambiente e recomendar medidas para melhorar a qualidade de vida da população sem comprometer os recursos e serviços ambientais das gerações futuras. Não se trata, portanto, de uma instituição com poderes decisórios, tampouco legislativos, o que restringe sua atuação na proteção do meio ambiente.

Na ausência de uma organização supranacional competente para estabelecer regras e punições por danos ambientais, foram criados mecanismos jurídicos alternativos de garantia e estímulo ao cumprimento das normas internacionais.[71]

Uma das maneiras de atingir o cumprimento das normas internacionais é a cooperação internacional. Nesse caso, é preciso que um Estado auxilie o outro, trabalhando em conjunto em determinado assunto de interesse de um ou de ambos os Estados.

Trata-se de importante ferramenta do Direito Internacional, cada vez mais utilizada e respeitada na comunidade jurídica. Todavia, pode ser falha nos casos em que um ou mais Estados deixam de cooperar pela simples inexistência de estímulos ou sanções.

Francisco Rezek ainda anota outra dificuldade no Direito Internacional Ambiental:

> Tais como as normas hoje vigentes no plano internacional sobre economia e desenvolvimento – que também respondem, em certa medida, a um

---

71 Nick Hanley, Jason Shogren e Ben White apontam que, na ausência de uma autoridade internacional competente, são necessários acordos internacionais voluntários para a proteção da comunidade internacional. Tradução livre do autor. Do original: "*Given the lack of a competent international authority to interanalise international environmental spillovers, voluntary international agreements are necessary to safeguard the global commons*" (HANLEY, Nick; SHOGREN, Jason; WHITE, Ben. *Environmental economics in theory and practice*, 1997, p. 164).

direito humano de terceira geração –, as normas ambientais têm um tom frequente de "diretrizes de comportamento" mais que de "obrigações estritas de resultado", configurando desse modo aquilo que alguns chamam de *soft law*.[72]

Ou seja, as normas ambientais internacionais não passam de diretrizes de comportamento, o que significa que não trazem obrigações cogentes para os Estados. Nesse caso, pode-se imaginar a dificuldade de fazer cumprir, de toda a comunidade jurídica internacional, os compromissos ambientais assumidos nos acordos e tratados.

Soma-se a isso o fato de que a adesão a tratados internacionais é voluntária pelos Estados, o que significa que alguns países podem não ser signatários e, consequentemente, não cumprir as regras internacionais estabelecidas.

Há que se mencionar, ainda, os casos em que determinada conduta tenha sido praticada em um Estado e causado danos em outro Estado, tal como ocorre com a poluição transfronteiriça e com mudanças climáticas. Se não houver uma organização supranacional para normatizar, fiscalizar e punir o Estado que causou o dano, e na ausência de normas internas que limitem este tipo de ocorrência no Estado infrator, corre-se o risco de inviabilizar a solução jurídica do caso.

Na sequência, traremos a experiência de alguns países em relação ao uso de sanções e estímulos. Essas experiências têm refletido na modernização dos tratados internacionais e nas políticas públicas ambientais em todo o mundo.

Experiência da Costa Rica

A Costa Rica desenvolveu uma política de pagamento por serviços ambientais em 1996, como evolução dos esforços e instrumentos legais estabelecidos para a proteção florestal do país.[73] Entre os instrumentos criados, destacam-se os Certificados de Abono Florestal (CAF), criados em 1986, que consistiam em títulos representativos de investimentos em projetos de reflorestamento, que podiam ser transacionados e utilizados no paga-

---

72 REZEK, Francisco. *Direito internacional público*, 2011. p. 281.
73 NUSDEO, Ana Maria de Oliveira. *Pagamento por serviços ambientais,* cit., p. 61.

mento de impostos. Em 1995, o sistema foi ampliado, sendo criados certificados representativos de conservação florestal, os denominados Certificados de Proteção Florestal.[74]

De acordo com Ana Nusdeo, o PSA da Costa Rica foi previsto na Lei Florestal n. 7.575/1996, em que são definidos os serviços ambientais contemplados, envolvendo mitigação das emissões de gases de efeito estufa; proteção da água para uso urbano, rural ou hidrelétrico; proteção da biodiversidade para conservação e uso sustentável e a proteção de ecossistemas, formas de vida e beleza cênica natural, para fins turísticos e científicos.[75] Ainda anota:

> A política costa-riquenha caracteriza-se pelo pioneirismo na criação do instrumento de pagamento pelos serviços ambientais, que é decorrente da sua posição de frente na percepção da importância desses serviços, que geram benefícios a diversos usuários dos mesmos. Por isso, essa política caracteriza-se pelo forte papel de coordenação do Estado para alocar o pagamento dos beneficiários dos serviços aos provedores. É o Poder Público, portanto, quem promove os pagamentos e quem se dedica à captação de fundos, seja junto a beneficiários nacionais de serviços ambientais, seja em âmbito internacional.[76]

A política de PSA da Costa Rica tem sido utilizada como exemplo na comunidade internacional e representa um avanço no sistema de estímulo a boas práticas ambientais.

Experiência dos Estados Unidos

Como registrado pelo próprio Congresso norte-americano, o sistema normativo ambiental dos Estados Unidos baseia-se, principalmente, no risco das atividades econômicas ou na tecnologia disponível.[77] Isso

---

74 NUSDEO, Ana Maria de Oliveira. *Pagamento por serviços ambientais*, cit., p. 61.
75 NUSDEO, Ana Maria de Oliveira. *Pagamento por serviços ambientais*, cit., p. 61.
76 NUSDEO, Ana Maria de Oliveira. *Pagamento por serviços ambientais*, cit., p. 62.
77 Tradução livre do autor. Do original: "*Over the last 25 years, Congress has followed two broad types of strategies for environmental regulation: 1) risk-based strategies and 2) technology-based strategies*". U.S. CONGRESS, OFFICE OF TECHNOLOGY ASSESSMENT, ENVIRONMENTAL POLICY TOOLS: A User's Guide. OTAENV-634 (Washington, D.C.: U.S. Government Printing Office, Sep-

significa que, para a regulação do meio ambiente, leva-se em consideração o potencial de dano das atividades e seus impactos na qualidade de vida ou a disponibilidade do mercado em oferecer tecnologias que possam reduzir a poluição.[78]

Ambas as estratégias parecem ter vantagens e desvantagens e são aplicadas conforme a conveniência do tomador de decisão. Nesse sentido, o Congresso norte-americano registrou: "*Both strategies have advantages and disadvantages and, although certain types of problems might be better suited to one approach, the choice of approach depends to a great extent on the values of the decision-maker*".[79]

Abordaremos na sequência experiências específicas do país com diferentes sistemas e instrumentos de política ambiental.

Experiência com o sistema da melhor tecnologia disponível (best available control technology system *ou BAT*)

Na década de 1990, o sistema norte-americano de regulação ambiental estava baseado na estratégia da tecnologia disponível. Recebeu a denominação de "*best available control technology system*" (BAT). As tecnologias eram determinadas por normas federais.[80]

Com o *Clean Water Acts' BAT*, a agência ambiental norte-americana adotava limites uniformes de efluentes para mais de 500 indústrias. A mesma estratégia foi utilizada no *Clean Air Act* para novas fontes de emissões industriais, novos carros e fontes de poluentes tóxicos industriais.[81]

---

tember, 1995. *In:* PERCIVAL, Robert; ALEVIZATOS, Dorothy (ed.). *Law and the environment:* a multidisciplinary reader, 1997, p. 268.

78 U.S. CONGRESS, OFFICE OF TECHNOLOGY ASSESSMENT, ENVIRONMENTAL POLICY TOOLS, cit., p. 268. Quanto ao ponto, afirma-se: "*In a risk-based strategy, the target that individual or groups of sources must meet is based on modeled or measured environmental quality. For example, stationary sources of air violate air quality standards in the vicinity of the facility. Under a technology-based strategy, the targets that sources must meet are based on technological capacity or potential to lower pollution, rather than a directly specified level of environmental quality. Under this type of strategy, the level of environmental protection is indirectly specified by the stringency of the abatement requirement. For example, sewage treatment plants are required to remove a percentage of the pollutants entering the facility*".

79 U.S. CONGRESS, OFFICE OF TECHNOLOGY ASSESSMENT, ENVIRONMENTAL POLICY TOOLS, cit., p. 268.

80 ACKERMAN, Bruce. Reforming environmental law: the democratic case for market incentives, 1998.

81 ACKERMAN, Bruce. Reforming environmental law, cit., p. 178.

A estratégia do BAT teve início na década de 1970. Todavia, tal como destaca Bruce Ackerman,[82] não estimulava os produtores a usarem a melhor técnica, mas apenas a seguir o que foi determinado pelas autoridades regulatórias. Não há um estímulo, por exemplo, para usar outra tecnologia e reduzir os níveis de emissão, já que eventuais investimentos adicionais não serão recompensados. Ou seja, em termos econômicos, era mais vantajoso utilizar a tecnologia já implantada e autorizada, mesmo havendo outra técnica menos impactante.

Havia empresas cujo custo de redução de emissão era inferior ao de outras. Essas poderiam reduzir suas emissões e vender direitos de emissões para outras empresas. Mas, como as autorizações eram vinculadas ao empreendedor e à sua atividade, e como a redução de poluição não gerava o direito de comercializar a sobra, o que ocorria, na prática, é que todos acabavam poluindo mais.

Para Bruce Ackerman, o uso de instrumentos de incentivo, tal como mecanismos de mercado,[83] não apenas economizaria bilhões de dólares por ano como elevaria a eficiência da Administração Pública e contribuiria com o orçamento dos cofres públicos.[84] A substituição do sistema BAT, adotado para o controle da poluição do ar e da água nos Estados Unidos, para os mecanismos de mercado, poderia ter economizado mais de US$ 15 bilhões ao ano.[85]

Vale ainda anotar que os mecanismos de mercado retirariam um grande trabalho dos órgãos públicos, uma vez que não seria necessária a análise pormenorizada das características de cada empreendimento, o estudo e o estabelecimento da tecnologia aplicável, a emissão de autorizações ou licenças etc. Paralelamente, o setor produtivo teria estímulos para reduzir, cada vez mais, os níveis de emissões e comercializar os direitos excedentes.

---

82 ACKERMAN, Bruce. Reforming environmental law, cit., p. 178.

83 Tradução livre do autor. Do original: *"market incentives"* (ACKERMAN, Bruce. Reforming environmental law, cit., p. 171).

84 Tradução livre do autor. Do original: *"The creative use of market incentives will not only save billions of dollars each year, vastly improve administrative efficiency, and even help balance the budget. It will also vastly improve the quality of democratic debate about environmental values, allowing a wider public to address basic values that the present regulatory system obscures under a flood of technocratic mumbo-jumbo"* (ACKERMAN, Bruce. Reforming environmental law, cit., p. 178).

85 ACKERMAN, Bruce. Reforming environmental law, cit., p. 177.

O esforço e os gastos para definir tecnologias e estudar cada caso concreto migraria das autoridades públicas para os industriais e seus engenheiros, permitindo que o Poder Público se preocupasse com questões mais complexas e importantes, tal como a fiscalização, a qualidade do meio ambiente, o estudo e estabelecimento dos níveis globais de poluição etc.[86]

Experiência com incentivos econômicos

Também na década de 1990, mais especificamente em 23 de abril de 1990, a *Administrative Conference of the United States*[87] reuniu-se para discutir sobre incentivos econômicos na seara ambiental, na oportunidade do debate sobre as emendas à *Clean Air Act* norte-americana. Os discursos foram gravados, editados e transformados em obra doutrinária.[88]

Participaram Richard Stewart, como *Assistant Attorney General for the US Department of Justice, Environmental and Natural Resources Division*, Donald Elliot, na condição de *General Counsel of the Environmental Protection Agency* e David Hawkins, como *Natural Resources Defense Counsel*.

Richard Stewart explica que o modelo de comando e controle implantado no Direito Ambiental norte-americano foi traçado em um momento de urgência de medidas ambientais e trouxe alguns ganhos.[89] Ou seja, não configurou um sistema inócuo. Todavia, um novo modelo era necessário para que os resultados pudessem ser ainda melhores.

---

86 Bruce Ackerman registra: *"A system of marketable permits, then, not only promises to save American billions of dollars a year, to reward innovative improvements in existing cleanup techniques and to eliminate the BAT system's penalty on new, productive investment. It also offers formidable administrative advantages. It relieves agencies of the enormous information-processing burdens that overwhelm them under the BAT system; it greatly reduces litigation and delay; it offers a rich source of budgetary revenue in a period of general budgetary stringency; and it enforces agencies to give new importance to the critical business of enforcing the law in a way that America's polluters will take seriously"* (ACKERMAN, Bruce. Reforming environmental law, cit., p. 183).

87 A Administrative Conference of the United States é uma agência federal norte--americana independente encarregada de promover reformas e melhoramentos nos processos administrativos e regulatórios. Parte dos trabalhos desenvolvidos volta-se à organização de colóquios e discussões. Para mais detalhes, ver BREGER, Marshall, J.; ELLIOTT, E.; Donald; HAWKINS, David; STEWART, Richard R. Providing economic incentives in environmental regulation, cit., p. 463.

88 BREGER, Marshall J.; ELLIOTT, E. Donald; HAWKINS, David; STEWART, Richard R. Providing economic incentives in environmental regulation, cit., p. 463-95.

89 BREGER, Marshall J.; ELLIOTT, E. Donald; HAWKINS, David; STEWART, Richard R. Providing economic incentives in environmental regulation, cit., p. 465.

A proliferação de medidas de comando e controle não era o caminho mais adequado e funcional, a longo prazo, de lidar com as questões ambientais. Era uma opção cara e com imperfeições. Exigia-se dos órgãos reguladores a definição de regras para centenas de milhares de indústrias, o que resulta em soluções uniformes e padronizadas, a despeito das grandes diferenças operacionais das indústrias e as diferenças de custo entre as tecnologias que poderiam ser aplicadas. As medidas de comando e controle também reduziam o rol de soluções que a indústria poderia implantar para lidar com suas questões ambientais.

Richard Stewart ainda destaca que, muitas vezes, o custo de seguir determinada regra é tão caro que acaba sendo mais barato combater administrativa e judicialmente as exigências, o que não traz ganhos para o meio ambiente e ocupa o tempo das autoridades públicas.[90]

Os custos desproporcionais para a implantação da tecnologia definida pelos órgãos reguladores também podem trazer outro efeito adverso, qual seja, os atuais empreendedores ficam em desvantagem em relação aos antigos, cuja atividade já está em andamento. É o que ocorre, por exemplo, quando se exige que os carros novos tenham determinado tipo de tecnologia, mantendo intactos os carros mais velhos (muitas vezes, em maior número).[91]

Resumidamente, ele defende as seguintes modalidades de incentivos econômicos:[92]

---

90 BREGER, Marshall J.; ELLIOTT, E. Donald; HAWKINS, David; STEWART, Richard R. Providing economic incentives in environmental regulation, cit., p. 465.

91 BREGER, Marshall J.; ELLIOTT, E. Donald; HAWKINS, David; STEWART, Richard R. Providing economic incentives in environmental regulation, cit., p. 465.

92 Tradução livre do autor. Do original: "*Let me talk briefly about the basic areas where I see the use of economic incentives developing in the near term. The first type of economic incentive is the tradable permit approach. Under existing regulations, people are allowed to pollute up to a certain amount. In many cases you probably want to reduce the amount of pollution, or at least make sure it doesn't increase, so you impose a limit or a cap. But then allow trading, so that those firms that can find new ways to reduce pollution can sell their excess allowances to others. Pollution therefore has a price for everybody that is set by the market. Everybody has a continuing incentive not only to find the cheapest way under existing technology to reduce their own emissions, but also to develop new ways of doing so and turn environmental control into a profit center. [...] The prerequisites for using this tool are that, first, the allowances must describe some performance that is measurable – such as emissions of sulfur or discharges to a water body that can be measured and quantified. Second, you have to have a fairly large number of sources, or at least a significant variation in costs of control across the sources, because you are relying on a market in tradable permits. [...] Third, you have to deal with pollution problems that don't involve local 'hot spots' – that is, you have to deal with pollution that has a general effect. [...] A second type of incentive would be taxes. [...] Again, as*

- *Tradable permit*, pelo qual as pessoas são autorizadas a poluir até certo limite. Se conseguirem reduzir sua poluição, podem vender o direito excedente. Essas pessoas sempre tentarão reduzir ao máximo sua poluição, de forma a ganhar cada vez mais proventos com a venda dos direitos. Para que funcione, é necessário que haja parâmetros mensuráveis, tal como ocorre para volumes de gases e água. Em segundo lugar, é necessário que haja mercado para a comercialização dos direitos. Senão, não há quem compre. Em terceiro lugar, os danos ambientais decorrentes da poluição devem ter efeitos regionais ou globais. Caso contrário, não haverá mercado, pois os efeitos serão específicos de determinado local.
- *Taxes*, pelo qual se cobram taxas dos poluidores. É uma forma bastante difundida. Para que seja minimamente eficaz, a taxa tem que ser proporcional ao porte do empreendimento e ser reajustada conforme o desenvolvimento da economia.
- *Deposit and return*, pelo qual se efetua o depósito de uma soma de dinheiro ao governo até se provar que determinada atitude foi tomada, quando, então, o dinheiro depositado é devolvido.

Na mesma obra, Donald Elliot menciona que só o empreendedor sabe qual é a forma mais eficaz de reduzir a poluição. As autoridades públicas não têm material humano e informações suficientes para considerar todas as formas de atividade econômica, de forma que apenas os principais problemas são tratados.[93]

---

with tradable permits, you need to monitor and enforce. One feature of taxes that is perhaps troubling, it that taxes might have to be constantly increased over time, in order to achieve the same effect, if you assume continuing economic growth. [...] With taxes, the level of control achieved is uncertain but the cost imposed is more predictable. Third, there are the deposit and return systems. The most familiar example is the system for cans and bottles used in some States. This technique could be used more widely and more powerfully – for example, to deal with hazardous waste. [...] We could have a deposit system where once you have generated a hazardous waste, you pay a large deposit to the Government. That deposit can be returned when either the original generator, or someone to whom it has been transferred, comes to the Government and proves by affirmative evidence that the waste has been properly disposed of and treated" (BREGER, Marshall J.; ELLIOTT, E. Donald; HAWKINS, David; STEWART, Richard R. Providing economic incentives in environmental regulation, cit., p. 471-2).

93 Tradução livre do autor. Do original: "*One of the things that appeals to me about incentive-based systems is that we are nearly at our capacity to deal with the management of a complex economic system through the information processing capacity of the government. Increasingly, as we look ahead, we are going to be talking about regulating large numbers of small sources because many of the lar-*

Se a questão fosse submetida às iniciativas do setor privado, todos os poluidores poderiam analisar suas próprias práticas, de forma que as proposições de redução de poluição abrangeriam pequenos e grandes poluidores.

O autor destaca que, politicamente, é mais fácil criar incentivos para a redução do que simplesmente criar restrições e limites. Ou seja, é provável que mais dirigentes sintam-se confortáveis para criar incentivos, enquanto poucos tomam a atitude de criar restrições.[94]

Por último, em sua contribuição à obra, David Hawkins destaca que é preciso pensar em parâmetros objetivos e formas eficazes de monitorar os ganhos ambientais, a fim de evitar fraudes e a quebra de confiança.[95]

Experiência com a imputação de encargos

Nick Hanley, Jason Shogren e Ben White reportam os efeitos econômicos e ambientais da imputação de encargos em determinados produtos e atividades conduzidas nos Estados Unidos.[96] Um primeiro caso é a imputação de encargos em atividades que emitem poluição no ar, na água, no solo, ou que gerem ruídos. Os encargos teriam por objetivo reduzir a quantidade ou a periculosidade das emissões, forçando o poluidor a pagar, pelo menos, os custos dos impactos negativos que eles geram no meio ambiente.[97]

Esse mecanismo fornece um incentivo aos empreendedores para desenvolver e adotar técnicas novas e melhores para reduzir a poluição, uma vez que isso significa a redução de encargos a serem pagos ao governo.[98]

---

ger sources have been regulated. One advantage of using a decentralized market system is that is has the ability to deal with the small source problem in a way that I'm not so sure the technique of bureaucracy is really capable of doing". (BREGER, Marshall J.; ELLIOTT, E. Donald; HAWKINS, David; STEWART, Richard R. Providing economic incentives in environmental regulation, cit., p. 476).

94 BREGER, Marshall J.; ELLIOTT, E. Donald; HAWKINS, David; STEWART, Richard R. Providing economic incentives in environmental regulation, cit., p. 476.

95 BREGER, Marshall J.; ELLIOTT, E. Donald; HAWKINS, David; STEWART, Richard R. Providing economic incentives in environmental regulation, cit., p. 480.

96 HANLEY, Nick; SHOGREN, Jason; white, Ben. *Environmental economics in theory and practice*, cit., p. 61.

97 HANLEY, Nick; SHOGREN, Jason; white, Ben. *Environmental economics in theory and practice*, cit., p. 61.

98 HANLEY, Nick; SHOGREN, Jason; white, Ben. *Environmental economics in theory and practice*, cit., p. 61.

O efeito é ainda mais eficaz nos casos em que os custos de redução de poluição são inferiores aos custos dos encargos: quanto maior a redução da poluição, maior a diferença dos custos. A imputação de encargos pode considerar uma atividade ou empreendimento isolado ou uma coletividade de empreendimentos.[99]

Em um segundo caso, calcula-se a concentração da poluição em determinada região, onde haja vários empreendimentos, e define-se qual será o valor máximo de concentração de poluentes tanto para o local quanto para cada um dos empreendimentos. As atividades de fiscalização podem ser simplificadas se a medição ocorrer apenas no cenário global, sem necessidade de fiscalização em cada um dos empreendimentos – na hipótese de irregularidade na concentração total, todos os empreendedores são penalizados conjuntamente.[100]

Não somente as atividades ou os empreendimentos podem sofrer encargos ou taxação, mas também os produtos por eles manufaturados.

Experiência com subsídios

Os subsídios podem ser utilizados como estímulo para encorajar o controle de poluição ou para mitigar os impactos econômicos de normas reguladoras, uma vez que auxiliam economicamente os empreendedores.[101]

Como exemplos de experiências na concessão de subsídios, Nick Hanley, Jason Shogren e Ben White citam (i) a França, que fornece empréstimos para a indústria controlar a poluição das águas; (ii) a Itália, que fornece subsídios para a reciclagem e recuperação de resíduos sólidos, favorecendo indústrias que se comprometem a alterar seu processo de fa-

---

99 HANLEY, Nick; SHOGREN, Jason; WHITE, Ben. *Environmental economics in theory and practice*, cit., p. 66.

100 HANLEY, Nick; SHOGREN, Jason; WHITE, Ben. *Environmental economics in theory and practice*, cit., p. 66. Quanto ao tema, os autores registram: "*The liability of each polluter depends on the aggregate emissions from the entire group of polluters, not just his own level of emissions, since these emissions are unobservable to the regulator. This creates a bubble of total ambient concentration that the entire group of producers must satisfy. If the total ambient concentration of a pollutant is found to exceed the standard, each polluter pays the full incremental social costs of the excessive ambient concentrations*".

101 HANLEY, Nick; SHOGREN, Jason; WHITE, Ben. *Environmental economics in theory and practice*, cit., p. 66.

bricação; (iii) a Holanda, que criou um programa de assistência financeira que concede incentivos para as indústrias cumprirem as normas reguladoras, realizarem pesquisa tecnológica e implementarem equipamentos de controle de poluição; (iv) a Alemanha, que subsidia pequenos empreendedores no controle da poluição e na implementação de programas ambientais; e (v) a Suécia, que oferece subsídios para a redução da utilização de pesticidas.[102]

Nos Estados Unidos, os referidos autores citam os subsídios concedidos para a construção de sistemas municipais de tratamento de água e para produtores rurais conduzirem atividades de conservação do solo.[103]

Experiência da União Europeia

A política ambiental da União Europeia esteve, tradicionalmente, voltada ao uso de instrumentos de comando e controle.[104] Foi a partir de 1987, com a edição da *Council Resolution of 19 October 1987 on the Continuation and Implementation of a European Community Policy*, que a União Europeia passou a adotar instrumentos de estímulo.[105]

Em 1990, o Conselho para o Meio Ambiente da União Europeia entendeu por bem reformular o conceito do princípio do poluidor pagador, para afirmar que o poluidor deve arcar não apenas com os custos de regularização de suas atividades, mas também internalizar os seus custos sociais. O Conselho entendeu que a instituição de taxas poderia proporcionar tal internalização de custos.[106]

---

102 HANLEY, Nick; SHOGREN, Jason; WHITE, Ben. *Environmental economics in theory and practice*, cit., p. 66.

103 HANLEY, Nick; SHOGREN, Jason; WHITE, Ben. *Environmental economics in theory and practice*, cit., p. 73.

104 Tradução do autor. Do original: "*Since the early 1970's, the European Community and the Member States have largely relied on traditional command and control instruments, such as prohibitions, permit requirements, standards, and planning obligations, to implement their environmental policies*" (REHBINDER, Eckard. Environmental regulation through fiscal and economic incentives in a federalist system, cit., p. 58).

105 REHBINDER, Eckard. Environmental regulation through fiscal and economic incentives in a federalist system, cit., p. 58.

106 REHBINDER, Eckard. Environmental regulation through fiscal and economic incentives in a federalist system, cit., p. 61. O autor registra: "[...] *the Environmental Council took its first action in the field of economic and fiscal instruments: at its Dublin meeting in June 1990, the Council endorsed the proposition that Community environmental policy should diversify by including economic and fiscal instruments as implementation strategies. The Council charged the Commission with a*

Adicionalmente, foi aprovada a intenção de suplementar os mecanismos de comando e controle com instrumentos econômicos e fiscais.[107] Inicialmente, aplicou-se a nova estratégia para a regulamentação da emissão de gases e do sistema de transporte.[108]

Segundo Eckard Rehbinder, no campo da emissão de gases, a utilização de instrumentos econômicos – nesse caso, a instituição de taxas – promoveu a eficiência energética, além de favorecer fontes que não estão associadas com emissões de gás carbônico, isto é, fontes renováveis, tal como a energia nuclear.[109]

No setor de transportes, a utilização de instrumentos econômicos encontra diferenças significativas entre os países da União Europeia. A imposição de taxas e encargos pode recair sobre o combustível, sobre o veículo ou ainda sobre a distância percorrida em determinada via. Cada estratégia traz um impacto fiscal e ambiental diferente.[110]

---

reappraisal of Community policy relating to the choice of instruments. The results of this reappraisal were submitted by the Commission to the Council in September 1990. The Commission communication called for a reformulation of the polluter pays principle, interpreting article 130R(2) to mean that the polluter should not only bear the cost of regulation but, also, should fully internalize the social costs caused by its polluting activities. The Commission viewed charges and taxes as the means by which to achieve this internalization".

107 REHBINDER, Eckard. Environmental regulation through fiscal and economic incentives in a federalist system, cit., p. 61. O autor aponta: "*The Council generally approved the Commission's reformulation of the polluter pays principle and the idea of at least supplementing traditional command and control regulation with economic and fiscal instruments".*

108 REHBINDER, Eckard. Environmental regulation through fiscal and economic incentives in a federalist system, cit., p. 61.

109 REHBINDER, Eckard. Environmental regulation through fiscal and economic incentives in a federalist system, cit., p. 69. Quanto ao tema, o autor aponta: "*Within the framework of the Community's global climate policy, the marked differences amongst the Member States regarding the structure of their energy sources and their technical innovative capacity may yield severe distributional impacts. The combined energy/CO$_2$ tax not only promotes energy efficiency, but also favors energy sources that are not (or are less) associated with CO$_2$ emissions, i.e., renewable energy sources and, of particular consequence in the EC, nuclear energy".*

110 REHBINDER, Eckard. Environmental regulation through fiscal and economic incentives in a federalist system, cit., p. 70. Quanto ao tema, o autor aponta: "*Comparable problems of distortion of competition among different Member States arise in the field of transportation policy. The Member States have quite different systems for imputing to carriers the infrastructure and environmental costs of transportation. Some states have two component systems, consisting of motor vehicle taxes and excise taxes on fuel. Other Member States have cost-imputation systems that consist of three components, adding road user charges. Since all of these systems contain both taxes that are levied only on national carriers and taxes that are imposed on all users (according to the principle of territoriality), and, in addition, because the structures and rates of the taxes differ from country to country, the competitive conditions that result vary significantly amongst the Member States [...]. Each*

Na Alemanha, os instrumentos econômicos já eram utilizados na década de 1970, embora em pequena escala. Estavam restritos à imposição de taxas para a emissão de efluentes e ao mercado de permissões de emissão de poluentes.[111] A imposição de taxas para a emissão de efluentes encontrava dois propósitos: (i) promover o cumprimento com os padrões federais de efluentes e (ii) promover reduções voluntárias adicionais aos padrões estabelecidos.[112]

Havia dificuldades técnicas para a redução de alguns efluentes, motivo pelo qual sua redução não atingiu patamares imaginados. Além disso, houve a necessidade de fortalecer o sistema de monitoramento das emissões, o que, ironicamente, representa a aplicação de um método tradicional do sistema de comando e controle.[113]

Em 1991, uma nova iniciativa do governo alemão determinou que os produtores de embalagens seriam os exclusivos responsáveis pelos custos do ciclo de vida de seus produtos. A medida classificou-se como um instrumento econômico focado em internalizar os custos da destinação final de resíduos de embalagens no país.[114]

Segundo Stephanie Goldfine, a norma representa uma tentativa de convencer os empreendedores de que é deles a responsabilidade pelos custos dos resíduos que produzem.[115] Cria-se a obrigação para os empreendedo-

---

of the components of Member State transportation tax systems discussed above impacts domestic and Community fiscal and environmental policy differently".

111 REHBINDER, Eckard. Environmental regulation through fiscal and economic incentives in a federalist system, cit., p. 72.

112 REHBINDER, Eckard. Environmental regulation through fiscal and economic incentives in a federalist system, cit., p. 73.

113 REHBINDER, Eckard. Environmental regulation through fiscal and economic incentives in a federalist system, cit., p. 73. Quanto ao ponto, o autor esclarece: "The German effluent charge has had the ironic effect of greatly improving the implementation and enforcement of traditional command and control regulation. One reason for this effect was that all permits had to be reviewed and new parameters added in order to levy the charge. Furthermore, implementation of the Act required improvement of the monitoring system. These extrafunctional effects largely supplanted the intended incentive effect – or at least obscured it".

114 GOLDFINE, Stephanie. Using economic incentives to promote environmentally sound business practices: a look at Germany's experience with its regulation on the avoidance of packaging waste, 1994, p. 309. Quanto ao tema, a autora reporta: "In 1991, Germany adopted a controversial regulation that requires manufacturers to be responsible for the life-cycle cost of packaging. Utilizing market based economic incentives, Germany embarked upon the most comprehensive attempt to date to make solid waste producers internalize the costs of waste disposal".

115 GOLDFINE, Stephanie. Using economic incentives to promote environmentally sound business practice, cit., p. 320. Tradução livre do autor. Do original: "The German packaging or-

res de recolherem os materiais usados para, então, proceder à reciclagem, ao reuso ou à disposição final.[116]

A utilização de instrumento econômico para o controle de resíduos de embalagens na Alemanha trouxe resultados positivos, mas alguns objetivos não foram alcançados. Stephanie Goldfine explica que a consciência ambiental dos consumidores, comerciantes e produtores fortaleceu-se, mas não houve significativa redução do volume de resíduos gerados ou desenvolvimento de infraestrutura para a reciclagem desse material.[117]

---

dinance represents a comprehensive attempt to make producers accept responsibility for the cost of the waste they produce".

116 GOLDFINE, Stephanie. Using economic incentives to promote environmentally sound business practice, cit., p. 320.

117 GOLDFINE, Stephanie. Using economic incentives to promote environmentally sound business practice, cit., p. 333. Quanto ao tema, a autora anota: *"The German experience with the packaging ordinance may be characterized in two distinct manners. On the one hand, all segments of German society, specifically consumers, retailers and manufacturers, have begun to modify their behavior with regard to packaging waste and to develop along a more environmentally conscious path. On the other hand, the system established by the ordinance to institute the desired shift has been plagued by economic difficulties and has not resulted in either a substantial reduction in the volume of packaging or in the creation of sufficient capacity to deal with the volume of material for recycling".*

Capítulo 4

O mercado regulado de carbono no Brasil

Agora que você tem todo o panorama da legislação ambiental brasileira e onde o mercado de carbono e seus projetos se inserem, vamos explicar neste capítulo sobre uma novidade que acabou de sair do forno: a nova legislação sobre o mercado regulado de carbono no Brasil.

Ao longo de 2023 e 2024, o Congresso brasileiro – que é composto da Câmara dos Deputados e do Senado – analisou diferentes projetos de lei para criar um mercado regulado de carbono no país. Prevaleceu o Projeto de Lei n. 182/2024, que foi aprovado pelas duas casas durante a realização da COP 29 em Baku.

Em 11 de dezembro de 2024, sem vetos, o texto foi sancionado pelo presidente brasileiro Luís Inácio Lula da Silva e publicado no dia seguinte no *Diário Oficial da União*, oficializando a nova Lei, sob o n. 15.042. Certamente esse era um dos eventos mais esperados dos últimos anos pelos profissionais brasileiros da área ambiental, principalmente quando consideramos a atual urgência climática.

Na prática, a Lei cria o Sistema Brasileiro de Comércio de Emissões de Gases de Efeito Estufa (SBCE). É a primeira regulação do mercado de carbono do Brasil. Na teoria, o SBCE vai apoiar a descarbonização do Brasil ao limitar as emissões de GEE e viabilizar a comercialização de ativos representativos de reduções ou remoções de GEE (a que podemos chamar de créditos de carbono).

Espera-se que o sistema reduza custos de descarbonização e transação de créditos, crie critérios transparentes, realize conciliações periódicas de emissões, reduções e remoções de GEE, faça mensurações confiáveis, permita a interoperabilidade com sistemas internacionais e tenha rastreabilidade eletrônica. Realmente, a expectativa é grande em cima dele!

Felizmente, a lei segue a tendência de uso de estímulos e instrumentos econômicos para o atingimento de resultados positivos ao meio ambiente, ainda que utilize, também, de mecanismos de comando e controle. O termo "incentivo" é utilizado oito vezes ao longo da lei. Isso significa que a lei pode ter bons resultados em termos de eficácia, tal como buscamos discutir nas páginas anteriores deste livro.

Foi fruto da discussão de, pelo menos, 10 projetos de lei (para citar apenas os mais recentes[1]) ao longo dos últimos 15 anos, processo que começou logo após a publicação da Lei n. 12.187/2009, que instituiu a Política Nacional sobre Mudança do Clima.

Natalie Unterstell, fundadora e presidente do Instituto Talanoa, que ajuda na implementação de políticas públicas que impactem positivamente as pessoas e o planeta, acompanha as discussões sobre a implementação de um mercado regulado de carbono no Brasil há mais de 10 anos. Após a eleição presidencial de 2022, sua organização chegou a divulgar um documento elencando como esse mercado pode ser estratégico como política pública.

Em entrevista aos autores do livro em fevereiro de 2024, ela criticou o fato de a proposta de nova lei não ter passado pelo escrutínio público necessário como o anterior, de autoria da senadora Leila Barros, do PDT-DF (PL n. 412/2022), que havia sido aprovada pela Comissão de Meio Ambiente do Senado, em 4 de outubro de 2023, depois sendo substituído pelo PL que foi aprovado em 2024.

A especialista disse:

> O PL n. 412/2022 foi costurado por 10 ministérios, aproveitando estudos econômicos e regulatórios desenvolvidos com apoio do Banco Mundial, e também passou por debates no Conselhão [conselho da presidência da República com centenas de representantes da sociedade civil] com representantes de organizações da sociedade civil e entidades setoriais.

Mesmo assim, Unterstell reiterou que o pior cenário teria sido "ficar no 'pingue-pongue' entre Câmara e Senado e não sair [a lei]". Ainda

---

[1] Podemos mencionar os Projetos de Lei ns. 2.148/2015, 7.578/2017, 10.073/2018, 5.710/2019, 290/2020, 528/2021, 4.290/2023, 412/2022, 4.088/2021, 5.157/2023 e 155/2023.

mais porque 2025 é o ano em que Belém sediará a Conferência das Partes (COP 30), o que poderia desviar a atenção ou, pior, incitar ainda mais a competição de políticos pelo protagonismo da agenda ambiental, "mais atrapalhando do que ajudando", como bem colocou.

Conforme consta no § 1º do art. 1º, a Lei n. 15.042/2024 "aplica-se às atividades, às fontes e às instalações localizadas no território nacional que emitam ou possam emitir gases de efeito estufa (GEE), sob responsabilidade de operadores, pessoas físicas ou jurídicas". E não é aplicável à "produção primária agropecuária, bem como os bens, as benfeitorias e a infraestrutura no interior de imóveis rurais a ela diretamente associados" (§ 2º do mesmo artigo).

Nesse aspecto, ao não ser aplicável à produção primária agropecuária e infraestruturas rurais, a lei coloca foco nos ambientes urbano e industrial.

De acordo com o *Manual de boas práticas agropecuárias*[2] da Embrapa, a produção primária agropecuária envolve dois sistemas: criação e beneficiamento. A criação ocorre no campo ou em ambientes fechados e visa à produção animal. Por sua vez, o beneficiamento consiste no tratamento de produtos agropecuários, mantendo suas características *in natura*, podendo envolver recepção, pré-limpeza, secagem, limpeza, classificação, tratamento de sementes e armazenagem. Nenhuma dessas atividades está sujeita às regras de emissões de GEE listadas na lei.

O papel do agronegócio do mercado regulado de carbono no Brasil foi um dos debates mais acalorados no decorrer de 2024, já que as emissões desse segmento, se somadas com a conversão do uso do solo (desmatamento), representam cerca de 75% das emissões anuais de GEE do Brasil.

A decisão de deixar o setor de fora da regulação se deu, em grande parte, pela complexidade de medir adequadamente suas emissões. Imaginem medir emissões de mais de 6 milhões de imóveis e considerar os números de captação (árvores e culturas que estão crescendo), estoque (árvores e culturas que já cresceram, mas que podem ser suprimidas), emissões por supressão de vegetação, emissões de flatulências e arrotos de animais. São os principais motivos pelos quais os demais mercados regulados no mundo também não abrangem o agro.

---

2   CNI; SESI; ANVISA; CNC; SENAC; SESC; CNA; SENAR; EMBRAPA; SENAI; SEBRAE. *Manual de Boas Práticas Agropecuárias e Sistema APPCC*, 2004.

Natalie Unterstell, presidente do Instituto Talanoa, diz:

Discordo veementemente de quem quer colocar o agro todo para dentro, como se um sistema de comércio e emissões fosse resolver as emissões do agro. Temos de ter outros mecanismos adequados ao perfil não estacionário da pecuária e metas que induzam à descarbonização imediata.

Ela lembra que, a agroindústria precisa ser incluída, pois ela "cabe no desenho" do SBCE.

A questão de o agro ter ficado de fora da proposta do mercado regulado de carbono, segundo Paula Mello, sócia do escritório Pinheiro Neto Advogados e advogada com ampla experiência na prática ambiental, não é necessariamente um problema. "O agro pode, por metodologias validadas, também comercializar créditos no mercado regulado e demonstrar, inclusive por essa via, sua sustentabilidade", pontuou.

A Lei n. 15.042/2024 foi estruturada em cinco capítulos, sendo eles:

I. Disposições Preliminares.

II. Sistema Brasileiro de Comércio de Emissões de Gases de Efeito Estufa (SBCE).

III. Agentes Regulados e Suas Obrigações.

IV. Oferta Voluntária de Créditos de Carbono.

V. Disposições Finais e Transitórias.

O Capítulo II, que trata do SBCE, é o mais complexo e contém o maior número de artigos.

Logo no art. 2º, a lei traz uma série de definições de conceitos importantes dentro do tema mudanças climáticas, o que representou um movimento positivo dentro do universo jurídico, principalmente para a ótica contratual, societária e tributária. Essas definições constam no "Glossário" deste livro.

Imagine a dificuldade dos advogados, investidores, contadores, órgãos públicos e tomadores de decisão ao lidar, até agora, com termos não definidos em lei. Como calcular impostos? Como definir receitas e despesas? Como solucionar litígios? As inseguranças eram muitas, o que certamente afetou o ritmo da descarbonização do país.

Você, leitor, já deve estar curioso quanto à definição que a lei deu ao crédito de carbono. O mundo, aliás, está curioso com isso, pois desde 1992, quando foi assinada a Convenção do Clima, os países buscam definir esse conceito e nem todos tiveram êxito ainda. O Brasil ensaiou algumas definições, mas ainda estava desamparado. Nem a Política Nacional sobre Mudança do Clima (Lei n. 12.187/2009) traz conceitos-chave, vale notar. O Decreto federal n. 11.075/2022 até chegou a trazer uma definição,[3] mas foi revogado no ano seguinte pelo Decreto n. 11.550 e não está mais vigente.

Nos termos da lei aprovada, o conceito de crédito de carbono ficou longo:

> [...] ativo transacionável, autônomo, com natureza jurídica de fruto civil no caso de créditos de carbono florestais de preservação ou de reflorestamento, exceto os oriundos de programas jurisdicionais, desde que respeitadas todas as limitações impostas a tais programas por esta Lei, representativo de efetiva retenção, redução de emissões ou remoção, nos termos dos incisos XXX e XXXI deste *caput*, de 1 tCO_2e (uma tonelada de dióxido de carbono equivalente), obtido a partir de projetos ou programas de retenção, redução ou remoção de GEE, realizados por entidade pública ou privada, submetidos a metodologias nacionais ou internacionais que adotem critérios e regras para mensuração, relato e verificação de emissões, externos ao SBCE (inciso VII do art. 2º da Lei n. 15.042/2024).

Na tradução do juridiquês para o português, isso quer dizer que os créditos de carbono são ativos (aquilo que pode ser convertido em dinheiro) que podem ser negociados e que representam 1 tCO_2e que foi retida, reduzida ou removida da atmosfera por um projeto de carbono.

Eles são criados, portanto, a partir de um projeto de carbono e se materializam quando uma instituição certificadora emite um certificado ou um título.

Se você, leitor, tem ações de uma empresa, você tem ativos que representam uma fração dessa empresa. Se tem um crédito de carbono, tem um ativo que representa 1 tCO_2e.

A Lei n. 15.042/2024 também define que, quando o crédito de carbono for negociado no mercado financeiro ou de capitais, ele terá natureza de valor mobiliário (art. 14). Nesse contexto especial, em que o ativo passa a ser comprado e vendido em bolsas ou outros ambientes do mercado

---

3 Inciso I do art. 2º do Decreto n. 11.075/2022: "crédito de carbono – ativo financeiro, ambiental, transferível e representativo de redução ou remoção de uma tonelada de dióxido de carbono equivalente, que tenha sido reconhecido e emitido como crédito no mercado voluntário ou regulado". [*Revogado.*]

financeiro, o crédito de carbono recebe um tratamento especial: passa a se sujeitar às regras e à fiscalização da Comissão de Valores Mobiliários (CVM).

Um valor mobiliário é um título que gera direito de participação, de parceria ou remuneração em razão do esforço de um empreendedor ou um projeto de terceiros.

Assim, se você, leitor, comprar uma ação de uma empresa ou um crédito de carbono em uma bolsa, na prática, terá títulos que são valores mobiliários, têm um valor intrínseco e poderão lhe dar receitas.

Vamos para mais detalhes da nova legislação!

Modelo escolhido

A escolha do Brasil foi pelo modelo *cap and trade*. Empresas que emitirem mais de 10 mil toneladas de CO_2e por ano deverão reportar suas emissões, enquanto aquelas com mais de 25 mil toneladas serão obrigadas a reduzi-las. Por aqui, caberá ao SBCE administrar o funcionamento do mercado regulado. Estão previstos dois anos para que o governo regulamente tudo.

Na tradução literal, *cap and trade* significa "teto e comércio" e se refere a um sistema baseado em duas partes:

- **Cap:** o governo estabelece um limite máximo para as emissões, em geral anualmente, para determinados setores. Esses tetos são distribuídos entre as empresas que participam dessas atividades econômicas no país, considerando critérios como a proporcionalidade de tamanho e grau de poluição.
- **Trade:** as empresas recebem permissões para emitir uma quantidade específica de gases de efeito estufa. Pode acontecer de uma companhia fazer um bom trabalho de mitigação e não chegar a seu limite. Como também pode acontecer de uma outra companhia ultrapassar seu teto. Neste caso, há uma previsão de comércio de **Cotas de Emissões (CBE)** entre quem tem excedente de permissões e quem precisa delas para não ficar na dívida com o SBCE e receber punições. Os preços e as condições das negociações ainda serão conhecidos, mas estarão sujeitos à lei da oferta e demanda do mercado.

Tipos de ativos previstos na lei

Um ponto de interrogação que foi, em grande parte, respondido pela lei foi a questão de em qual "caixinha" o crédito seria colocado, qual seria sua classificação como ativo. Isso é importante porque ditará quem regulará e aprovará as emissões, regime de tributação, contabilidade e outros detalhes que fazem toda a diferença para desenvolver o setor. Nesse sentido, a lei coloca o crédito de carbono como um **valor mobiliário** sempre que ele for negociado no mercado financeiro ou de capitais, sob a tutela da Comissão de Valores Mobiliários. Os créditos poderão ser negociados na bolsa de valores do Brasil, a B3.

"Anteriormente, essa classificação aplicava-se apenas às cotas e certificados de emissão. Agora, os créditos de carbono também são incluídos na categoria de valores mobiliários quando negociados nos mercados financeiro e de capitais", explicou Viviane Romeiro, diretora de Clima, Energia e Finanças Sustentáveis do CEBDS (Conselho Empresarial Brasileiro para o Desenvolvimento Sustentável), em entrevista em novembro de 2024 ao *Um Só Planeta*.[4] Em sua opinião, a regulação da CVM assegura um acompanhamento mais rigoroso e alinhado com as normas do mercado financeiro.

Maria Belen Losada, responsável por Carbono no Itaú Unibanco, havia feito uma série de ponderações sobre a classificação do crédito de carbono na nova lei em entrevista aos autores deste livro em maio de 2024. Na época, ainda se discutia se seria uma *commodity*, um ativo financeiro, um valor mobiliário, entre outras classificações. Na conversa, ela bem lembrou que a dificuldade de colocar o crédito de carbono em uma classificação única não é uma exclusividade brasileira.

Seu receio com relação ao título de valor mobiliário era pela complexidade do ponto de vista de registro do título, que, geralmente, segue um trâmite burocrático para ser lançado em uma oferta pública. Os detalhes sobre como funcionarão as emissões dos papéis a serem comercializados no âmbito do mercado regulado ainda não são conhecidos, mas, para Losada, é preciso pensar na escalabilidade das operações, o que também interfere nos custos.

---

4 BERTÃO, Naiara. Especialistas veem com bons olhos texto que regulamenta o mercado de carbono no Brasil, 2024.

O problema é que, para escalar, ou seja, que a financeira do banco crie um produto que seja vendido no mercado, que o cliente *corporate* [*Corporate Banking*, segmento voltado a clientes jurídicos] irá comprar para compensar suas emissões, precisamos que o crédito de carbono tenha tratamento comparável a outros ativos do banco.

Losada lembra que o *corporate* é que tem o poder de movimentar em grande volume de recursos e é a área que pode ajudar as empresas a compensarem suas emissões de gases de efeito estufa para chegar ao *net zero*. "Precisamos facilitar."

O sistema tributário desses créditos é outra ponta solta a ser mais bem amarrada em 2025 e 2026. Vamos acompanhar.

Uma referência que tem sido apontada pelo mercado como inspiração para o crédito de carbono é o Crédito de Descarbonização (CBIO), instrumento adotado pela RenovaBio como ferramenta para o atingimento das metas de descarbonização da indústria de distribuição de combustíveis fósseis no Brasil. Nesse caso, o CBIO é um ativo ambiental que corresponde a uma tonelada de dióxido de carbono equivalente evitada pela substituição de combustível fóssil por biocombustíveis. É emitido por produtores e importadores de biocombustíveis certificados pela Agência Nacional de Petróleo, Gás Natural e Biocombustíveis (ANP), com base em notas fiscais, e comprados por distribuidores de combustíveis fósseis que têm metas determinadas de emissões.

Voltando à Lei n. 15.042/2024, destacamos os tipos de ativos (que podemos, de forma simplificada, chamar de créditos) que foram formalmente previstos:

i. Créditos de Carbono.
ii. Cota Brasileira de Emissões (CBE).
iii. Certificado de Redução ou Remoção Verificada de Emissões (CRVE).

Em uma analogia com a biologia, podemos dizer que a definição dos créditos de carbono os coloca como um gênero, do qual a CRVE pode ser uma espécie. Serão Créditos de Carbono os créditos gerados com metodologias não reconhecidas pelo órgão gestor do SBCE e não inscritos no Registro Central do SBCE (*vide* art. 44), representando redução ou remoção de 1 tonelada de gás carbônico equivalente (tCO_2e), gerada em projetos de carbono.

> **Vale lembrar:**
> - Créditos de redução são originados por projetos cuja finalidade é reduzir ou remover emissões que são lançadas na atmosfera. Isso pode ser feito por meio, por exemplo, de promoção de eficiência energética, alteração de tecnologias, substituição de combustível por fontes menos poluentes, conservação da vegetação, viabilização de práticas mais sustentáveis etc. O objetivo é reduzir a quantidade de GEE lançado na atmosfera.
> - Créditos de remoção são gerados por projetos que buscam remover as emissões de GEE da atmosfera. É o que ocorre, por exemplo, na restauração de áreas degradadas e no emprego de tecnologias de captura e armazenamento.

Na prática, todos os créditos de carbono gerados no país até o momento estão dentro dessa definição. Só existirão CRVE a partir do momento que o SBCE reconheça as primeiras metodologias e faça as primeiras inscrições no Registro Central.

O CRVE, portanto, é gerado quando um projeto gera uma efetiva redução ou remoção de 1 tCO_2e seguindo metodologia credenciada e com registro devidamente aprovado no âmbito do SBCE.

Por sua vez, a CBE é gerada pelo direito de emissão de 1 tCO_2e, a ser outorgada pelo órgão gestor do SBCE para uma instalação ou fonte regulada. É válido notar, aqui, que a CBE não é gerada de um projeto de carbono, ou seja, não é resultado de uma redução ou remoção de emissões.

Quem são os compradores e os vendedores

Considerando que o SBCE criou limites de emissões de GEE e a obrigação de compensação dessas emissões, cria-se, de um lado, a ponta compradora composta de instituições que emitiram GEE acima do permitido.

Do outro lado, na ponta vendedora, estarão as instituições que emitiram menos do que o permitido (e, portanto, estão com créditos chamados CBE) e instituições que tenham desenvolvido projetos de carbono. Se o projeto for desenvolvido com base em metodologia reconhecida pelo SBCE e estiver devidamente registrado, serão gerados CRVE; caso contrário, serão gerados Créditos de Carbono.

Mas não serão apenas esses dois lados que comporão o ambiente regulatório de carbono no Brasil. Haverá outras partes interessadas como os agentes financiadores, entidades reguladoras (governos federal, estaduais e municipais), entidades de verificação, sociedade civil e setores privados não regulados.

O que é o SBCE

Na configuração trazida pelo legislador, podemos entender o SBCE como uma iniciativa regulatória destinada a controlar e reduzir as emissões de GEE no Brasil. O sistema vai operar como um mecanismo de *cap and trade*, conceito já trazido a você neste livro, em que é estabelecido um limite de emissões e as empresas comercializam permissões. Em princípio, o sistema visa incentivar economicamente as empresas a adotarem práticas mais eficientes e inovadoras para reduzir suas emissões.

A implementação do SBCE foi planejada de maneira gradual, com períodos de compromisso sequenciais e limites de emissões que se alinham às metas nacionais de redução de GEE. As atividades emissoras de diferentes setores serão monitoradas e relatadas para garantir a transparência e a confiabilidade dos dados. A abrangência geográfica do sistema será nacional, mas há a possibilidade de interoperabilidade com mercados internacionais de carbono, o que pode ampliar sua eficácia.

Além de contribuir para a redução das emissões, o SBCE pode promover a competitividade da economia brasileira ao criar um ambiente regulatório previsível, equilibrando a busca da redução de emissões com a necessidade de crescimento econômico, incentivando investimentos em tecnologias limpas e práticas sustentáveis.

A estrutura do SBCE inclui mecanismos de mensuração, relato e verificação para garantir a integridade das informações e a comparabilidade dos dados ao longo do tempo.

O sistema deve buscar a proteção dos direitos e a autonomia dos povos indígenas e das comunidades tradicionais, respeitando tanto a propriedade privada quanto os direitos de usufruto dessas populações. A conservação de florestas nativas e outros sumidouros de carbono é incentivada, contribuindo para a preservação da biodiversidade e a sustentabilidade ambiental.

Por fim, o SBCE inclui incentivos econômicos para a redução ou remoção de emissões de GEE, criando um mercado eficiente e rastreável para a emissão, transferência e cancelamento de créditos de carbono.

A principal força do texto aprovado é a sua governança. Na opinião de Caio Victor Vieira, especialista do Instituto Talanoa, ouvido pela jornalista Naiara Bertão, uma das autoras deste livro, em novembro de 2024, para reportagem para o projeto *Um Só Planeta*:[5]

> Houve dúvidas se o comando ficaria só com o governo, ou muito com as empresas do setor regulado, e depois sem nenhum dos dois, mas, na minha opinião, criar uma terceira autoridade para tocar especificamente o sistema foi a melhor decisão.

A participação da sociedade civil nas câmaras do Sistema de Comércio de Emissões, com a inclusão de cientistas de áreas como engenharia, biologia e ciências do clima, e a criação de um **Comitê de Articulação Federativa**, que permitirá a participação dos Estados e Municípios, ajudam a encorpar o assessoramento técnico, que será necessário, e a permitir que vários agentes acompanhem a implementação e execução do sistema.

Como vai funcionar o mercado de carbono no país

Até a promulgação da lei (e até que ela seja regulamentada e produza seus efeitos), o mercado de carbono do Brasil era essencialmente voluntário, descentralizado e reduzido a poucas operações anuais. Foram desenvolvidos alguns projetos de conservação (REDD+), restauração e agricultura sustentável que, em seu ápice, chegaram a um número aproximado de 3 milhões de créditos negociados por ano, o que representa cerca de R$ 100 milhões.

Com a regulação, esse mercado voluntário poderá seguir operando em paralelo ao mercado regulado, mas é provável que os desenvolvedores de projetos busquem o órgão gestor do SBCE para converter seus créditos

---

5   BERTÃO, Naiara. Especialistas veem com bons olhos texto que regulamenta o mercado de carbono no Brasil, cit.

de carbono em CRVE. Essa comunicação entre os dois mercados é chamada de interoperabilidade, tema do item seguinte.

Para isso, será necessário um grande trabalho de preparação e aprovação de metodologias. Entendemos que haverá um esforço de produção dessas metodologias por instituições de mercado e de pesquisa. Ao órgão gestor do SBCE caberá analisá-las e credenciá-las.

Após a aprovação de metodologias, os projetos de carbono poderão ser desenvolvidos e, caso gerem créditos de carbono passíveis de serem reconhecidos como CRVE, serão inscritos em um registro central do SBCE.

A diversidade do nosso mercado de carbono dependerá da capacidade de produzirmos boas metodologias, indo além de conservação, restauração e agricultura e partindo para biocombustíveis, geração de energia renovável, eficiência energética, captura e armazenamento, tratamento de resíduos etc.

Na data de publicação deste livro ainda não estava definido qual seria o sistema de registro central do SBCE. Considerando que tanto os CBE quanto os CRVE são tratados como valores mobiliários, é provável que a instituição responsável pelo registro dos créditos seja a B3.

Caso isso ocorra, temos um cenário bastante promissor para que as transações de créditos de carbono, CBE e CRVE sejam transparentes e seguras. Teremos, pela primeira vez, a possibilidade de ter um registro confiável e simplificado de precificação dos créditos e dos volumes negociados, entre tantos outros dados relevantes para o mercado de carbono.

A nova lei prevê também a geração de crédito pelos Estados brasileiros, especialmente pelo trabalho de conservação da flora local. Esse foi um dos pontos que mais geraram dúvidas quando o texto ainda estava em apreciação no Congresso Nacional. Havia muita incerteza sobre como ficam as regiões onde já existem projetos de crédito de carbono privados. Os projetos de geração de crédito de carbono via proteção florestal de uma jurisdição específica são chamados de REDD+ Jurisdicional.

A advogada Paula Mello ressalta que é "primordial" proteger a titularidade dos créditos e garantir que a União só terá titularidade de créditos na área de seu domínio, propriedade e usufruto, desde que não haja sobreposição com área de propriedade ou usufruto de terceiros, sendo esses requisitos cumulativos, como a própria Lei n. 15.042/2024 previu. "Os dois não podem ter direito a pleitear a mesma titularidade e não pode haver insegurança sobre a titularidade dos créditos, sob pena de se afastar investimentos e projetos."

Mello levanta outra zona cinzenta: os créditos de carbono vão conviver com os CBIO? Para ela, os CBIO estão mais para "créditos de descarbonização" do que para "créditos de carbono".

Disso depende inclusive o futuro do RenovaBio após a aprovação da legislação, que ainda não está claro. "Eles têm naturezas distintas e, portanto, seria ruim um 'matar' o outro. Só o tempo pode dizer se será mais atrativo optar pelo mercado de carbono ou manter a essência e o uso do RenovaBio".

Interoperabilidade entre mercado voluntário e mercado regulado

Fernanda Claudino, advogada, gestora ambiental e professora da Fundação Getulio Vargas, comentou aos autores na ocasião da aprovação do PL, em novembro de 2024, que ainda será necessário aparar algumas arestas do texto, mas vê com bons olhos a escolha do modelo de *cap and trade* e elogia a possibilidade de integração do mercado regulado (desse comércio previsto) com o mercado voluntário de produção de créditos de carbono.

"O trabalho traz uma uniformização no comércio dos créditos já realizado pelo mercado voluntário no Brasil, prevendo um sistema de interoperabilidade entre o ambiente voluntário e regulado", pontuou.

Pelo que já foi publicado, deve funcionar assim: os créditos de carbono gerados em projetos voluntários poderão ser convertidos em Certificados de Redução ou Remoção Verificada de Emissões (CRVE). Estes, por sua vez, poderão ser transacionados no ambiente regulado para conciliar emissões de operadores que ultrapassem o limite delimitado. Ou seja, quem estiver devendo poderá comprar tanto CRVE quanto CBE para fazer a compensação. Os detalhes, porém, ainda virão com a regulamentação posterior.

A expectativa é que, com a aprovação da lei, projetos de geração de créditos de carbono que estavam aguardando regulação possam ser retomados, já que agora há mais segurança jurídica para que pessoas e empresas façam investimentos altos. Os projetos já em andamento também podem se beneficiar.

O mercado voluntário, sendo indiretamente estimulado pelo regulado, segundo Rafael Feldmann, sócio do Cascione e especialista em Direito

Ambiental, também contribui para a descarbonização, haja vista o incentivo para projetos que tenham o componente da adicionalidade (conceito de contribuição ao *business as usual* para reduções).

Uma dúvida que paira, porém, é sobre se haverá algum mecanismo para estimular a liquidez de ambos os mercados, e quais metodologias usadas em projetos do mercado voluntário serão aceitas.

José Guilherme Amato, gerente de Negócios de Carbono da Auren Energia, disse:

> As metodologias e tipos de projetos do mercado voluntário aceitos pelo mercado regulado serão definidos na fase de regulamentação do SBCE. É essencial estabelecer critérios que priorizem projetos de carbono com impacto socioambiental positivo e altos padrões de governança, garantindo credibilidade e evitando iniciativas de procedência duvidosa.

Mariana Barbosa, diretora jurídica e de relações institucionais da re.green, destaca o papel do desenvolvimento do mercado voluntário nos últimos anos, no Brasil, para que fosse possível chegar à regulação de um obrigatório.

"Nossa visão de negócio só é possível porque o mercado voluntário é uma realidade", comentou em entrevista aos autores em maio de 2024. "Vemos um potencial já existente, mas que pode ficar maior com as metas obrigatórias do mercado regulado", citando que, dessa forma, cria-se demanda para créditos de compensação voluntária (*offsetting*) e obrigatória (*allowances*).

Para ela, o intercâmbio entre os mercados regulado e obrigatório deve permitir a coexistência de ambos. Mas alerta que precisa estar "bem-feito" para evitar "ruídos". "Se os critérios e as metodologias forem diferentes, pode dificultar e aumentar custos de transação. Isso me preocupa", diz.

Esse quadro é ainda mais maléfico para projetos como o de restauração, que demandam alto volume de dinheiro e tempo – de três a sete anos – para começar a gerar crédito, uma vez que as árvores têm tempo delas para crescer.

Em maio de 2024, a re.green fechou um contrato com a gigante de tecnologia Microsoft para a venda de 3 milhões de toneladas de créditos de remoção ao longo dos 15 anos. Este é o segundo acordo da Microsoft nos últimos seis meses para comprar créditos de carbono brasileiros, ressaltando o potencial do país para abastecer mercados voluntários de carbono.

Barbosa também aponta que há partes do texto que conflitam com outras normas e traz como exemplo que projetos estatais de remoção de carbono podem conflitar com a lei de proteção florestal. "Vai além do que precisava ir."

Ela cita como exemplos de pontas soltas no texto e que podem gerar discussões a interseção entre os mercados regulado e voluntário e a conexão com o artigo 6.4 do Acordo de Paris, que prevê um mecanismo que permite a compra e venda de créditos entre países.

Para ela, é esperado que novas metodologias surjam para medir emissões de crédito de carbono, mas é preciso atentar para a integridade, que envolve não apenas a quantidade de carbono removida, mas também os cobenefícios, tais como impacto social na região e aumento de biodiversidade.

Vamos acompanhar esses desdobramentos e detalhamentos!

Capítulo 5

O mercado de carbono resolve o problema?

O fato de termos uma legislação sobre emissões de GEE e sobre um mercado de carbono é um passo importante. Porém, isso não quer dizer que vamos resolver todos os nossos problemas, descarbonizar a economia e destravar todo o potencial do Brasil em gerar, inclusive para o comércio internacional, créditos confiáveis, com alta integridade e que sejam justos na distribuição de riqueza.

Podemos dizer que há mais dúvidas do que respostas neste momento, ainda que tenhamos, como você viu neste livro, uma série de iniciativas sólidas que já mostram resultados e referências internacionais que podem servir de base para ajustar o mercado regulado no País.

Como começamos a pontuar no capítulo anterior, a própria efetividade desta legislação atual é uma incógnita. Ainda há pontos importantes a serem detalhados e outros que ainda precisam ser testados para garantir que não seja mais uma das leis que pode "não pegar" no Brasil.

Precisamos balancear os mecanismos de sanções e de incentivos de maneira a desencorajar práticas nocivas ao clima e premiar as práticas benéficas. Isso vai envolver uma atuação eficiente e responsável de várias instituições públicas e privadas.

Um dos pontos de atenção que o Instituto Talanoa levantou em entrevista para os autores do livro foi a questão das multas previstas no texto, por exemplo. Pela lei, as penas para quem não cumprir a obrigação de conciliar suas emissões com cotas ou créditos de carbono autorizados (pelo sistema de *cap and trade*) não devem superar os 3% do faturamento bruto da pessoa jurídica do conglomerado.

Em projetos de lei anteriores, chegou-se a falar em 5%, mas, ao final, o percentual acabou reduzido para 3% do faturamento da companhia. O risco, segundo Natalie Unterstell, do Talanoa, é que o custo de não fazer fique "barato" e leve as empresas a toparem pagar a multa para descumprir a nova lei. "Não colocar nada relativo a toneladas de gás carbônico equivalente amplifica a incerteza sobre qual o parâmetro que vai gerar incentivo ou desincentivo econômico", adiciona a presidente do Talanoa.

Ela defendia que constasse na proposta legislativa apenas que o valor da penalidade seria em reais por tonelada de carbono, e que ficaria a cargo da governança do mercado determinar. Acredita que, se ficasse para outro instrumento jurídico posterior, como as normas infralegais, detalhar a questão, a iniciativa poderia ganhar rapidez na implementação e daria oportunidade para debates mais especializados posteriormente. "Um texto mais enxuto poderia ser aprovado mais rápido e com menos polêmicas."

Outro item que merece atenção é a possibilidade de coexistência de projetos privados de REDD+ com projetos de REDD+ Jurisdicional. Serão necessários instrumentos eficientes para evitar a dupla contagem de créditos de carbono gerados em projetos privados localizados em territórios onde haja projetos jurisdicionais. Esse foi um ponto, inclusive, muito criticado por especialistas nos meses que antecederam a aprovação da lei. Contudo, há quem também argumente que é uma forma de engajar o setor público na agenda.

Entre as pontas ainda soltas na lei aprovada está a proporcionalidade dos setores no cumprimento de metas. Louise Emily Bosschart, sócia do escritório de advocacia Santos Neto, comentou em conversa com os autores, em março de 2024, ser necessário que "o tratamento diferenciado entre os setores fique bem claro", para que setores que emitem menos não sejam penalizados pelos principais emissores.

Outra questão é a das metodologias de verificação de geração de crédito de carbono. A mais conhecida e utilizada no mundo, a da Verra, tem passado recentemente por questionamentos por falhas na integridade dos créditos emitidos a partir de suas diretrizes e verificações.

Carol Prolo, líder de Stewardship Climático da gestora de investimentos fama re.capital e cofundadora da LACLIMA, organização de juristas dedicados ao desenvolvimento do direito das mudanças climáticas na América Latina, explica que o mercado voluntário tem muita sensibilidade a qualquer evento. Diz:

A reportagem do *The Guardian* de 2023, apesar de ter sido criticada pela suposta falta de embasamento técnico das alegações, deu início a um processo de escrutínio público de projetos de carbono que não acontecia antes nessa escala, trazendo questões difíceis, que precisam ser realmente encaradas.

Ela cita, por exemplo, aspectos das metodologias, dos processos, das salvaguardas, dos atores envolvidos e dos conflitos de interesse.

Prolo acredita que essa pressão acelerou mudanças importantes na revisão metodológica, inclusive da Verra, principal certificadora de créditos de carbono no mercado voluntário.

Internacionalmente, há dois *frameworks* na mesa de discussão para aumentar a segurança dos compradores de créditos de carbono, particularmente no mercado voluntário: Voluntary Carbon Markets Integrity Initiative (VCMI) e o Integrity Council for the Voluntary Carbon Market (ICVCM). Ambos estão, desde junho de 2023, debruçados em melhorar as práticas em busca de padrões mais íntegros. Desde então, já atualizaram alguns de seus princípios – os "Core Carbon Principles (CCP)" – e passaram a avaliar se algumas das principais certificadoras de projetos de carbono no mundo estão seguindo seus padrões de alta integridade.

No primeiro semestre de 2024, o ICVCM aprovou as metodologias ACR, *Climate Action Reserve* (CAR), *Gold Standard*, *Verified Carbon Standard* (VCS) – este o maior de todos, operado pela Verra, e o programa Architecture for REDD+ Transactions (ART), operado pelo Winrock International.

Entendemos que a criação desses padrões é reflexo de uma falha de transparência das certificadoras e da inexistência do uso de tecnologia. A falta de uma plataforma inteligente capaz de demonstrar os detalhes dos projetos, seus resultados e principais parâmetros cria a necessidade de auditorias e aprovações constantes.

Outra crítica com relação a metodologias internacionais é o fato de ser um único padrão para qualquer país e não considerar particularidades locais. Vamos entender.

Para ser calculado, o crédito de carbono de uma área em um projeto do tipo REDD+, por exemplo, que evita o desmatamento e, consequentemente, novas emissões, a conta passa por uma projeção estatística a partir de dados atuais sobre a ameaça de desmatamento em uma área.

Essa projeção, quando comparada com uma base preestabelecida, permite calcular quanto a manutenção daquela floresta em pé pode significar em toneladas de carbono que deixariam de ser lançadas na atmosfera.

Contudo, cada área tem características particulares, e cada bioma e parte dele têm diferentes densidades florestais, assim como cada projeto tem suas próprias características. Assim, é difícil determinar com precisão o desmatamento evitado.

Para tentar suprir essa falha, algumas iniciativas de metodologias nacionais próprias começam a surgir no país, como o PSA Carbonflor e o PSA Carbon Agro Perene, que detalhamos nos itens Projetos de carbono desenvolvidos pela ECCON e Projetos de PSA desenvolvidos pela ECCON do Capítulo 2.

A complexidade e as falhas também colocaram dúvidas se as compensações via compra de crédito "valeriam" na contabilização das metas de empresas e governos pelo Science-Based Targets initiative (SBTi), órgão que avalia se as metas propostas de descarbonização estão em linha com o que a ciência acredita serem as melhores práticas. Ao submeter sua meta e processo para chegar a ela, ao SBTi, uma empresa espera um reconhecimento do mercado de que está fazendo tudo conforme ditam as melhores práticas científicas. Ou seja, evitar a prática e uma eventual acusação de *greenwashing*.

O ponto central do órgão é que é necessário um esforço real de descarbonização via redução de emissões nas operações, cadeia de valor, embalagens e logística de transporte.

Em 2024, o SBTi chegou a dizer que aceitaria a contabilização dos créditos de carbono para o atingimento das metas, seguindo uma decisão do conselho de administração, mas sem o procedimento interno de consulta aos técnicos da organização. Depois voltou atrás, diante das críticas. Hoje o SBTi não admite compensação por créditos de carbono para o atingimento das metas SBTi e net zero.

Se não for possível usar os créditos, na prática, para uma companhia atingir o *status* de zero emissões líquidas (*net zero*) e ter esse processo validado pelo SBTi, que confere se as metas são suficientes e o processo para chegar a elas está alinhado com a ciência, a companhia deve investir em eficiência energética nas plantas e nos escritórios, comprar energia apenas de fontes renováveis, cuidar para não ter emissões na gestão de resíduos, diminuir ou acabar com viagens de avião e, em um futuro, ainda encontrar formas de reduzir a pegada de carbono de seus funcionários, fornecedores e clientes.

Parte do "pé atrás" está na própria forma de gerar crédito, com presunções, estimativas e expectativa de que tudo saia conforme o esperado durante 30 a 50 anos, prazo que pode ter um contrato do tipo REDD+ ou de restauração.

"Se você tem, de um lado, uma operação que emite GEE, e de outro, um terreno com várias árvores sugando aquele carbono que você emitiu, a neutralidade está muito clara", comenta Prolo. Mas, continua, quando você diz que neutraliza sua emissão com base em uma propriedade com floresta, que evitou que fosse desmatada, a partir de uma linha de base "X", e com base em premissas de que vai haver desmatamento no futuro, aponta a especialista, esse cenário, para o SBTi e para a União Europeia, não é capaz de garantir a neutralização de uma emissão.

"Olha a confusão para o consumidor, o investidor e o mercado em geral, ao simplesmente não haver uma definição única e clara sobre os rótulos de *net zero* que essas empresas dão", diz. "Você pode estar comprando um produto ou investindo em uma empresa que acredita que está fazendo a melhor prática possível, mas, às vezes, pode não ser, necessariamente, a melhor prática", acrescenta.

Por outro lado, se não houver um incentivo para a empresa investir na compensação para sua meta corporativa, o risco é de o mercado voluntário, que tem um papel relevante na transição para a descarbonização das economias, deixar de ser útil e minguar. Para Prolo, é preciso colocar mais essas pautas em discussão para que se chegue a um entendimento sobre qual o papel e o benefício do mercado voluntário e como fazer ele funcionar efetivamente.

Em ascensão

A despeito de eventuais mudanças e aperfeiçoamentos necessários nos mercados regulado e voluntário, o fato é que o mercado de carbono no Brasil está em expansão, impulsionado por uma crescente demanda por soluções de compensação de emissões de gases de efeito estufa e pela necessidade de se adequar à regulação nacional e internacional. Em um cenário em que a sustentabilidade é cada vez mais uma exigência do mercado e da sociedade, novas iniciativas estão surgindo para estruturar esse mercado, ampliando sua transparência, segurança e eficiência.

A estimativa da consultoria McKinsey[1] é de que o mercado de carbono voluntário cresça 15 vezes até 2030, atingindo US$ 50 bilhões em movimentação financeira, ante US$ 2 bilhões hoje. O Brasil concentra 15% do potencial global de captura de carbono por meios naturais.

Não podemos deixar de mencionar o vasto campo para inovação. "Algumas atividades associadas à geração de créditos de carbono precisam de apoio governamental e financiamento para efetivamente decolarem no Brasil, como 'Carbon capture and storage' (CCS)", lembra Paula Mello, sócia do escritório Pinheiro Neto e especialista na prática ambiental.

Os projetos de captura e estocagem de dióxido de carbono (CCS) surgiram como uma ferramenta capaz de amenizar os impactos das emissões poluentes, mas demandam desenvolvimentos tecnológicos que permitam funcionar em escala e a custos aceitáveis. Isso vai exigir mais dinheiro, que aceite altos riscos, para essas atividades. Recursos para financiamento de projetos de conservação, restauração, melhoria de eficiência fabril, serviços baseados na natureza e outros ainda são pequenos perto do tamanho do desafio e potencial. A pauta de financiamento climático é uma das mais relevantes hoje nos fóruns de sustentabilidade mundo afora e deve ainda continuar em evidência por um tempo.

> **Exemplos de projetos de captura e estocagem de dióxido de carbono (CCS):**
> - Northern Lights, no mar do Norte: transporte do carbono capturado da fábrica de amônia e fertilizantes da Yara na Holanda para armazenamento permanentemente na plataforma continental na costa da Noruega.
> - Consórcio Greensand, também no mar do Norte: projeto de captura e armazenamento com a primeira injeção de CO_2 em um campo de petróleo esgotado em águas dinamarquesas.
> - Petrobras, no Brasil: estuda implantar um *hub* CCS para oferecer o serviço a indústrias e vai começar por um projeto-piloto no

---

[1] BLAUFELDER, Christopher *et al*. Mercado voluntário de carbono tem potencial gigantesco no Brasil, 2020.

terminal de Cabiúnas, em Macaé (RJ), uma das bases da principal província petrolífera do país.

Outros projetos estudam o armazenamento do CO_2 em aquíferos de água salgada – impróprias para consumo humano ou em campos depletados de petróleo, sempre a uma distância mínima de mil metros da superfície.

- Agência Nacional de Petróleo, Gás Natural e Biocombustíveis (ANP) produziu um relatório em 2024 com estudos e *cases* de captura, uso e armazenamento de carbono (CCUS).[2]

Agora, com a nova legislação no Brasil, as expectativas são mais otimistas. A aprovação de um mercado regulado bem estruturado pode canalizar recursos para esse segmento e diminuir a insegurança jurídica para quem quer investir na economia verde. Com isso, há uma grande chance de o país reduzir emissões e de atingir suas NDC, principalmente com soluções baseadas na natureza, seja em projetos de recuperação ou de manutenção da floresta em pé.

Esse mercado, agora, pode ver o embarque dos grandes bancos, fundos de investimento, securitizadoras, empresas de auditoria, novas certificadoras, instituições de fomento, governos estaduais, entre tantos outros atores. É possível que nosso mercado migre dos milhões para os bilhões.

Transparência e reputação

Para tentar desanuviar possíveis confusões sobre quem está mesmo comprometido com a agenda e quem está só surfando a onda, e trazer mais transparência e credibilidade para a pauta climática, a União Europeia tomou uma decisão importante: impor regras de prevenção ao *greenwashing*. A Diretiva (UE) 2024/825 ("Diretiva 2024/825"), aprovada em 27 de março de 2024 pelo Parlamento Europeu, busca fortalecer os direitos dos consumidores e capacitá-los na transição para práticas de consumo mais sustentáveis entrou em vigor.

Nessas regras, por exemplo, as empresas não podem colocar em sua comunicação expressões genéricas para a comercialização de produtos ou

---

2 ANP. ANP produz relatório de estudo sobre captura, uso e armazenamento de carbono (CCUS), 2024.

serviços, sem reconhecimento ou demonstração da veracidade das alegações. Expressões que são comumente encontradas em prateleiras de mercado de vários países, tais como "ecológico", "ambientalmente correto", "biodegradável", "verde", "*green*" e "amigo da natureza".

A comunicação sobre a compensação de emissões de gases de efeito estufa também deve ter comprovação, ou seja, a empresa não pode simplesmente dizer que seu produto ou serviço é carbono neutro ou tem impacto positivo sem ter passado por metodologias que demonstrem que adotam práticas cientificamente aceitas de redução de emissões de GEE. Complexo, não?

Alguns casos de multas e até um de condenação legal sob a prática de *greenwashing* já começaram a aparecer. Em março de 2024, a corte de Amsterdã julgou acusações de grupos ambientais nos Países Baixos contra a companhia aérea KLM por publicidade enganosa.[3] A empresa foi considerada culpada, abrindo um precedente judicial inédito. A KLM teria violado a lei com publicidade enganosa em 15 das 19 declarações ambientais avaliadas, que incluem afirmações de que a companhia aérea caminha em direção a um futuro "mais sustentável" e declarações no seu *website* sobre os benefícios da compensação de voos.

Empresas também estão preocupadas em, sem querer, se envolver em escândalos, denúncias e serem acusadas de *greenwashing*. Em 2018, o Instituto EKOS, em parceria com a Natura e o Itaú Unibanco, lançou o "Compromisso com o Clima", justamente para, em conjunto, verificar os projetos de carbono adquiridos pelos membros. Mais de uma dezena de grandes companhias já aderiram, como iFood, Bayer, Grupo Ultra e outras.

Foi nesse momento que a empresa de energia Auren também decidiu criar um *e-commerce* de créditos de carbono, com informações mais claras e menos técnicas sobre os projetos, para tentar quebrar a assimetria de informação no mercado. "É uma linha mais educacional, de posicionamento estratégico, e não uma estratégia de monetização efetiva", conta Amato. "Quando o mercado se preocupa com reputação, destacam-se projetos mais estruturados e que sejam desenvolvidos por *players* que utilizam altos padrões de governança."

O desenvolvimento de ambientes de negociação de créditos de carbono, seja no mercado voluntário seja regulado, pode ajudar a elevar o

---

3   STERLING, Toby; PLUCINSKA, Joanna. Dutch court finds KLM ads were misleading in "greenwashing" case, 2024.

nível de transparência e subir a régua da qualidade dos créditos. No Brasil, bancos, desenvolvedores de projetos e a própria bolsa de valores, a B3, são alguns dos interessados nesse filão. A ideia de todos é construir plataformas que funcionem como facilitadores para as empresas que querem compensar a quantidade de carbono emitida em suas operações encontrarem projetos que querem vender seus créditos na praça.

Uma boa notícia nesse sentido vem da B3, a bolsa de valores. Em uma parceria anunciada em dezembro de 2023 com a AirCarbon Exchange (ACX), uma bolsa digital de Singapura especializada na negociação de créditos de carbono, a B3 pretende lançar uma plataforma para negociação de créditos de carbono no Brasil. A ACX já tem uma pequena operação no Brasil, mas, com o investimento de R$ 10 milhões da B3 e suporte técnico para desenvolver melhor a interface, idiomas e acesso a pessoas-chave, a expectativa é crescer em relevância neste mercado.

Em entrevistas à imprensa nos últimos dois anos, Leonardo Paulino Betanho, superintendente de Produtos Balcão da B3, destacou que o Brasil tem o potencial de se tornar um dos maiores fornecedores de créditos de carbono do mundo e o papel das bolsas de valores na regulação do mercado de carbono não se limita à negociação de ativos.

Quando estava no cargo de superintendente de Sustentabilidade da B3, Cesar Sanches explicou aos autores deste livro, em março de 2024, que o objetivo é ser uma base de dados transparente, com informações sobre a localização, o bioma e os fatores de captura de carbono dos projetos, além de possibilitar uma avaliação jurídica dos projetos para aumentar a confiabilidade do investimento.

A B3 quer que os compradores possam fazer um "*legal assessment*", uma apreciação jurídica sobre aquele projeto gerador de crédito de carbono, para aumentar o grau de integridade e confiabilidade do investimento.

Em setembro de 2024, a B3 deu outro grande passo ao fazer o primeiro registro primário de projeto de carbono brasileiro.[4] O projeto registrado foi o PSA Carbonflor, desenvolvido pela Reservas Votorantim e pela ECCON. Lançada a partir da legislação que regulamenta o pagamento por serviços ambientais e reconhece que a natureza realiza atividades ecossistêmicas essenciais para a manutenção da vida na Terra (Lei n. 14.119/2021), o PSA Carbonflor já foi testado no Legado das Águas, maior

---

4   BERTÃO, Naiara. B3 fará 1º registro de projeto de carbono brasileiro, mirando compradores locais e estrangeiros, 2024.

reserva privada de Mata Atlântica no Brasil, localizada no interior de São Paulo. A companhia de mobilidade CCR anunciou que seria a primeira compradora dos créditos comercializados na plataforma da B3.

Disse Betanho à jornalista Naiara Bertão, para a reportagem do *Valor Econômico*:

> A metodologia usada para emitir os créditos precisa ser registrada em algum lugar, assim como os projetos que geram os produtos. Isso exige uma estrutura robusta de armazenamento de dados e segurança de informação. Onde a B3 se diferencia é que consegue usar seu sistema robusto para isso e, a partir da integração com a plataforma da ACX, poderá oferecer os créditos que aqui estiverem registrados ao mercado financeiro e de capitais.[5]

Em paralelo, a B3 também está participando de um grupo de trabalho chamado Iniciativa Brasileira para o Mercado Voluntário de Carbono (BR VCM), com outras empresas (Amaggi, Bayer, Dow, Equinor, Itaú, Natura, Rabobank, Systemica e Vale) e cujo objetivo é promover discussões e implementar ações para promover créditos de alta integridade no Brasil.

Outra iniciativa é a Carbonplace, rede para negociação de créditos de carbono, formada exclusivamente por bancos: BBVA, BNP Paribas, CIBC, Itaú Unibanco, National Australia Bank, NatWest, Standard Chartered, SMBC e UBS. A plataforma captou US$ 45 milhões em 2023 para seu desenvolvimento. Os bancos vão exercer o papel de patrocinador de seus clientes e farão a liquidação financeira das operações, trazendo a segurança de instituições regulamentadas.

Maria Belen Losada, líder de Desenvolvimento de Novos Negócios de Mercados do Itaú Unibanco, comenta:

> Além de prestar *assessoria* para nossos clientes que procuram estruturar seus projetos de carbono, também apoiamos os desenvolvedores de carbono na busca de possibilidades de financiamento. Nosso papel é atender a nossos clientes, e o desenvolvedor também é nosso cliente.

Comenta Losada:

---

5 BERTÃO, Naiara. B3 fará 1º registro de projeto de carbono brasileiro, mirando compradores locais e estrangeiros, cit.

Quando tem muitos clientes que compram créditos, podemos adquirir no mercado para atender a demanda, não precisamos necessariamente ter créditos no portfólio. Por isso, é importante a desenvolver o mercado de compra e venda de créditos, para ter liquidez.

Mas também há um processo de aprendizado interno e do setor financeiro na temática.

Conta a executiva do Itaú:

No olhar interno, para ter comercialização de crédito de carbono eu preciso aprovar em comitês, alinhar com a política de risco do banco, levantar capital, estruturar o fluxo operacional, de originação e comercialização do carbono e outros movimentos.

Ela acrescenta que há um trabalho forte de *advocacy* junto à Anbima, associação do mercado de capitais, e à Febraban, federação dos bancos, para fazer contribuições técnicas para a autorregulação do segmento.

Orquestra

Nosso objetivo neste livro não é te desanimar. Pelo contrário: muita evolução foi vista nestes últimos anos no campo do Direito Ambiental e no Mercado de Carbono. A nova lei e suas regulamentações que estão por vir podem alavancar esse segmento e, mais do que isso, trazer mais credibilidade e qualidade a ele. E tem muita gente no Brasil disposta a ajudar.

A Coppe/UFRJ e o Instituto Talanoa coordenaram a elaboração do relatório "Clima e Desenvolvimento: visões para o Brasil 2030 – Documento de Cenários e Políticas Climáticas",[6] divulgado em outubro de 2021. O documento, elaborado com a contribuição de mais de 250 especialistas e lideranças políticas, propõe ações para o desenvolvimento sustentável do Brasil, com base na descarbonização da economia, justiça e inclusão social.

---

6   CLIMA E DESENVOLVIMENTO. Visões para o Brasil 2030. Documento de cenários e políticas climáticas, 2021.

Glossário

Atividade: qualquer ação, processo de transformação ou operação que emita ou possa emitir gases de efeito estufa.

Cancelamento: anulação de Cota Brasileira de Emissões (CBE) ou de Certificado de Redução ou Remoção Verificada de Emissões (CRVE) detido por operador para fins de comprovação dos compromissos ambientais definidos no âmbito do SBCE.

Certificado de Redução ou Remoção Verificada de Emissões (CRVE): ativo fungível, transacionável, representativo da efetiva redução de emissões ou remoção de gases de efeito estufa de uma tonelada de dióxido de carbono equivalente, seguindo metodologia credenciada e com registro efetuado no âmbito do SBCE, nos termos de ato específico do órgão gestor do SBCE.

Certificador de projetos ou programas de crédito de carbono: entidade detentora de metodologias de certificação de crédito de carbono que verifica a aplicação dessas metodologias, dispondo de critérios de monitoramento, relato e verificação para projetos ou programas de redução de emissões ou remoção de GEE.

Conciliação periódica de obrigações: verificação do cumprimento dos compromissos ambientais definidos por operador no Plano Nacional de Alocação, por meio da titularidade de ativos integrantes do SBCE em quantidade igual às emissões líquidas incorridas.

Cota Brasileira de Emissões (CBE): ativo fungível, transacionável, representativo do direito de emissão de uma tonelada de dióxido de carbono equivalente outorgada pelo órgão gestor do SBCE, de forma gratuita ou onerosa, para as instalações ou fontes reguladas.

Crédito de carbono: ativo transacionável, autônomo, com natureza jurídica de fruto civil no caso de créditos de carbono florestais de preservação ou de reflorestamento, exceto os oriundos de programas jurisdicionais, representativo de efetiva retenção, redução de emissões ou remoção, de 1 tCO_2e (1 tonelada de dióxido de carbono equivalente), obtido a partir de projetos ou programas de retenção, redução ou remoção de GEE, realizados por entidade pública ou privada, submetidos a metodologias nacionais ou internacionais que adotem critérios e regras de mensuração, relato e verificação de emissões, externos ao SBCE (inciso VII do art. 2º da Lei n. 15.042/2024).

Desenvolvedor de projeto de crédito de carbono ou de CRVE: pessoa jurídica, admitida a pluralidade, que implementa, com base em uma metodologia, por meio de custeio, prestação de assistência técnica ou de outra maneira, projeto de geração de crédito de carbono ou CRVE, em associação com seu gerador nos casos em que o desenvolvedor e gerador sejam distintos.

Dupla contagem: utilização da mesma CBE, CRVE ou crédito de carbono para fins de cumprimento de mais de um compromisso de mitigação.

Emissões: liberações antrópicas de gases de efeito estufa ou seus precursores na atmosfera em uma área específica ou em um período determinado.

Emissões líquidas: saldo das emissões brutas por fontes, subtraídas as remoções por sumidouros de carbono.

Fonte: processo ou atividade, móvel ou estacionário, de propriedade direta ou cedido por meio de instrumento jurídico ao operador, cuja operação libere na atmosfera gases de efeito estufa, aerossol ou um precursor de gases de efeito estufa.

Gases de efeito estufa (GEE): constituintes gasosos, naturais ou antrópicos, que, na atmosfera, absorvem e reemitem radiação infravermelha, incluindo dióxido de carbono (CO_2), metano (CH_4), óxido nitroso (N_2O), hexafluoreto de enxofre (SF_6), hidrofluorcarbonos (HFC) e perfluorocarbonetos (PFC), sem prejuízo de outros que venham a ser incluídos nessa categoria pela Convenção-Quadro das Nações Unidas sobre Mudança do Clima, promulgada pelo Decreto n. 2.652, de 1º de julho de 1998.

Glossário

Gerador de projeto de crédito de carbono ou CRVE: pessoa física ou jurídica, povos indígenas ou povos e comunidades tradicionais que têm a concessão, propriedade ou usufruto de bem ou atividade que se constitui como base para projetos de redução de emissões ou remoção de GEE.

Instalação: qualquer propriedade física ou área onde se localiza uma ou mais fontes estacionárias associadas a alguma atividade emissora de GEE.

IPCC: Painel Intergovernamental sobre Mudanças Climáticas (do inglês *Intergovernmental Panel on Climate Change*), um grupo de 782 cientistas estabelecido pelas Nações Unidas para monitorar e assessorar toda a ciência global relacionada às mudanças climáticas.

Limite máximo de emissões: limite quantitativo, expresso em toneladas de dióxido de carbono equivalente, definido por período de compromisso, aplicável ao SBCE como um todo, e que contribua para o cumprimento de objetivos de redução ou remoção de GEE, definidos na Política Nacional sobre Mudança do Clima (PNMC), instituída pela Lei n. 12.187, de 29 de dezembro de 2009.

Linha de base (ou *baseline*): cenário de emissões de GEE que ocorreria na ausência de um projeto de carbono. Ao comparar as emissões reais de um projeto de carbono com sua linha de base, é possível calcular as reduções de emissões atribuíveis ao projeto.

Mecanismo de estabilização de preços: mecanismo pelo qual o órgão gestor do SBCE intervém no mercado de negociação de ativos integrantes do SBCE, de modo a reduzir a volatilidade dos seus preços.

Mensuração, relato e verificação: conjunto de diretrizes e regras utilizado no âmbito do SBCE para mensurar, relatar e verificar de forma padronizada as emissões por fontes ou remoções por sumidouros, bem como as reduções e remoções de gases de efeito estufa decorrentes da implementação de atividades, projetos ou programas.

Mercado voluntário: ambiente caracterizado por transações de créditos de carbono ou de ativos integrantes do SBCE, voluntariamente estabelecidos entre as partes, para fins de compensação voluntária de emissões de GEE, e que não geram ajustes correspondentes na contabilidade nacional de emissões.

Metodologias: conjunto de diretrizes e regras que definem critérios e orientações para mensuração, relato e verificação de emissões de atividades, projetos ou programas de redução de emissões ou remoção de GEE por fontes não cobertas pelo SBCE.

Operador: agente regulado no SBCE, pessoa física ou jurídica, brasileira ou constituída de acordo com as leis do país, detentora direta, ou por meio de algum instrumento jurídico, de instalação ou fonte associada a alguma atividade emissora de GEE.

Período de compromisso: período estabelecido no Plano Nacional de Alocação para o cumprimento de metas de redução de emissões de GEE definidas de acordo com o teto máximo de emissões.

Plano de monitoramento: documento elaborado pelo operador com detalhamento da forma de implementação da sua sistemática de mensuração, relato e verificação de emissões de GEE.

Povos indígenas e povos e comunidades tradicionais: grupos culturalmente diferenciados que se reconhecem como tal, possuem forma de organização social e ocupam e usam territórios e recursos naturais como condição para sua reprodução cultural, social, religiosa, ancestral e econômica, com utilização de conhecimentos, inovações e práticas geradas e transmitidas pela tradição.

Programas estatais "REDD+ abordagem de não mercado": políticas e incentivos positivos para atividades relacionadas à redução de emissões por desmatamento e degradação florestal e ao aumento de estoques de carbono por regeneração natural em vegetação nativa, em escala nacional ou estadual, amplamente divulgados, passíveis de recebimento de pagamentos por resultados passados por meio de abordagem de não mercado, observada a alocação de resultados entre a União e as unidades da Federação, de acordo com norma nacional pertinente, resguardado o direito dos proprietários, usufrutuários legítimos e concessionários privados de requerer, a qualquer tempo e de maneira incondicionada, a exclusão de suas áreas de tais programas para evitar dupla contagem na geração de créditos de carbono com base em projetos.

Programas jurisdicionais "REDD+ abordagem de mercado": políticas e incentivos positivos para atividades relacionadas à redução de emissões por desmatamento e degradação florestal e ao aumento de estoque de carbono por regeneração natural da vegetação nativa, em escala nacional ou estadual, amplamente divulgados, passíveis de recebimento de pagamentos por meio de abordagem de mercado, incluindo captação no mercado voluntário, observada a alocação de resultados entre a União e as unidades da Federação de acordo com norma nacional pertinente, resguardado o direito dos proprietários, usufrutuários legítimos e concessionários de requerer, a qualquer tempo e de maneira incondicionada, a exclusão de suas áreas de tais programas para evitar dupla contagem na geração de créditos de carbono com base em projetos, nos termos do art. 43 da Lei n. 15.042/2024, proibida, em qualquer caso, para evitar a dupla contagem, qualquer espécie de venda antecipada referente a período futuro.

Projetos privados de crédito de carbono: projetos de redução ou remoção de GEE, com abordagem de mercado e finalidade de geração de créditos de carbono, incluindo atividades de Redução das Emissões de Gases de Efeito Estufa Provenientes do Desmatamento e da Degradação Florestal, Conservação dos Estoques de Carbono Florestal, Manejo Sustentável de Florestas e Aumento de Estoques de Carbono Florestal (REDD+), desenvolvidos por entes privados, diretamente por gerador ou em parceria com desenvolvedor, realizados nas áreas em que o gerador seja concessionário ou tenha propriedade ou usufruto legítimos.

Projetos públicos de créditos de carbono: projetos de redução ou remoção de GEE, com abordagem de mercado e finalidade de geração de créditos de carbono, incluindo atividades de REDD+, desenvolvidos por entes públicos nas áreas em que tenham, cumulativamente, propriedade e usufruto, desde que não haja sobreposição com área de propriedade ou usufruto legítimos de terceiros.

Redução das Emissões de Gases de Efeito Estufa Provenientes do Desmatamento e da Degradação Florestal, Conservação dos Estoques de Carbono Florestal, Manejo Sustentável de Florestas e Aumento de Estoques de Carbono Florestal (REDD+): abordagens de políticas, incentivos positivos, projetos ou programas direcionados à redução de emissões por desmatamento e degradação florestal e ao papel da conservação, do manejo sustentável de florestas e do aumento dos estoques de carbono florestal.

Redução das emissões de gases de efeito estufa: diminuição mensurável da quantidade de GEE lançados na atmosfera por atividades em determinado período, em relação a um nível de referência, por meio de intervenções direcionadas à eficiência energética, a energias renováveis, a sistemas agrícolas e pecuários mais eficientes, à preservação florestal, ao manejo sustentável de florestas, à mobilidade sustentável, ao tratamento e à destinação final ambientalmente adequada de resíduos e à reciclagem, entre outros.

Remoção de gases de efeito estufa: absorção ou sequestro de GEE da atmosfera por meio de recuperação da vegetação nativa, restauração ecológica, reflorestamento, incremento de estoques de carbono em solos agrícolas e pastagens ou tecnologias de captura direta e armazenamento de GEE, entre outras atividades e tecnologias, conforme metodologias aplicáveis.

Reversão de remoções: liberação na atmosfera de GEE previamente removidos ou capturados, anulando o efeito benéfico da remoção.

Serviços ambientais: atividades individuais ou coletivas que favorecem a manutenção, a recuperação ou a melhoria dos serviços ecossistêmicos.

a) **Serviços ecossistêmicos:** benefícios relevantes para a sociedade gerados pelos ecossistemas, em termos de manutenção, recuperação ou melhoria das condições ambientais, nas seguintes modalidades: serviços de provisão: os que fornecem bens ou produtos ambientais utilizados pelo ser humano para consumo ou comercialização, tais como água, alimentos, madeira, fibras e extratos, entre outros; serviços de suporte: os que mantêm a perenidade da vida na Terra, tais como a ciclagem de nutrientes, a decomposição de resíduos, a produção, a manutenção ou a renovação da fertilidade do solo, a polinização, a dispersão de sementes, o controle de populações de potenciais pragas e de vetores potenciais de doenças humanas, a proteção contra a radiação solar ultravioleta e a manutenção da biodiversidade e do patrimônio genético; serviços de regulação: os que concorrem para a manutenção da estabilidade dos processos ecossistêmicos, tais como o sequestro de carbono, a purificação do ar, a moderação de eventos climáticos extremos, a manutenção do equilíbrio do ciclo hidrológico, a minimização de enchentes e secas e o controle dos processos críticos de erosão e de deslizamento de encostas.

b) **Serviços culturais:** os que constituem benefícios não materiais providos pelos ecossistemas, por meio da recreação, do turismo, da identidade cultural, de experiências espirituais e estéticas e do desenvolvimento intelectual, entre outros.

Tonelada de dióxido de carbono equivalente (tCO_2e): medida de conversão métrica de emissões ou remoções de todos os GEE em termos de equivalência de potencial de aquecimento global, expressos em dióxido de carbono e medidos conforme os relatórios do IPCC.

Transferência internacional de resultados de mitigação (ITMO, na sigla em inglês): transferência de resultados de mitigação para fins de cumprimento de compromissos de outras partes sob o Acordo de Paris sob a Convenção-Quadro das Nações Unidas sobre Mudança do Clima, promulgado pelo Decreto n. 9.073, de 5 de junho de 2017, ou de outros propósitos internacionais, conforme definições estabelecidas nas decisões sobre o artigo 6 do referido Acordo, sujeita à autorização formal e expressa do órgão competente designado pelo Estado brasileiro perante a Convenção-Quadro e a ajuste correspondente.

Vazamento de emissões: aumento de emissões de GEE em uma localidade como consequência do alcance de resultados de redução de emissões em outra localidade.

Referências

ACCIOLY, Hildebrando; NASCIMENTO E SILVA, Geraldo Eulálio do; CASELLA, Paulo Borba. *Manual de direito internacional público*. 16. ed. São Paulo: Saraiva, 2008.

ACKERMAN, Bruce. Reforming environmental law: the democratic case for market incentives. *Faculty Scholarship Series*. Paper 141, 1998. Disponível em: http://digitalcommons.law.yale.edu/cgi/viewcontent.cgi?article=1140&context=fss_paper. Acesso em: 17 dez. 2024.

Agência Nacional do Petróleo, Gás Natural e Biocombustíveis (ANP). ANP produz relatório de estudo sobre captura, uso e armazenamento de carbono (CCUS). 25 abr. 2024. Disponível em: https://www.gov.br/anp/pt-br/canais_atendimento/imprensa/noticias-comunicados/anp-produz-relatorio-de-estudo-sobre-captura-uso-e-armazenamento-de-carbono-ccus. Acesso em: 10 fev. 2025.

ALEVIZATOS, Dorothy; C. PERCIVAL, Robert V. (ed.). *Law and the environment:* a multidisciplinary reader. Philadelphia: Temple University Press, 1997.

AMARAL, Carlos; MAY, Peter H.; MILLIKAN, Brent; ASCHER, Petra (org.). *Instrumentos econômicos para o desenvolvimento sustentável da Amazônia brasileira*. Brasília: Ministério do Meio Ambiente, 2005. Disponível em: http://www.mma.gov.br/estruturas/168/_publicacao/168_publicacao30012009115059.pdf. Acesso em: 17 dez. 2024.

ANDRADE FILHO, Edmar Oliveira. *Infrações e sanções tributárias*. São Paulo: Dialética, 2003.

ANDRADE, André Gustavo Corrêa de. *Indenização punitiva*. [*S. d.*]. Disponível em: http://www.tjrj.jus.br/c/document_library/get_file?uuid=dd10e43d-25e9-478f-a346-ec511dd4188a&groupId=10136. Acesso em: 17 dez. 2024.

AZEVEDO, Antonio Junqueira de. Por uma nova categoria de dano na responsabilidade civil: o dano social. *In*: FILOMENO, José Geraldo Brito; WAGNER JÚNIOR, Luiz Guilherme da Costa; GONÇALVES, Renato Afonso (coord.). *O Código Civil e sua interdisciplinaridade*. Belo Horizonte: Del Rey, 2004.

AZEVEDO, Cristina Maria do Amaral; AZEVEDO, Eurico de Andrade. A trajetória inacabada de uma regulamentação. *Revista Eletrônica Com Ciência*, SBPC, n. 26, 2000. Disponível em: http://www.comciencia.br/reportagens/biodiversidade/bio11.htm. Acesso em: 17 dez. 2024.

BASSO, Maristela. Os fundamentos atuais do direito internacional da propriedade intelectual. *Revista CEJ*, Brasília, v. 21, 2003.

BENEVIDES FILHO, Maurício. *A sanção premial no direito*. Brasília: Brasília Jurídica, 1999.

BENJAMIN, Antonio Herman (coord.). *Dano ambiental:* prevenção, reparação e repressão. São Paulo: Ed. RT, 1993.

BERTÃO, Naiara. B3 fará 1º registro de projeto de carbono brasileiro, mirando compradores locais e estrangeiros. *Valor Econômico*, 18 set. 2024. Disponível em: https://valor.globo.com/financas/esg/noticia/2024/09/18/b3-fara-1o-registro-de-projeto-de-carbono-brasileiro-mirando-compradores-locais-e-estrangeiros.ghtml. Acesso em: 17 dez. 2024.

BERTÃO, Naiara. Especialistas veem com bons olhos texto que regulamenta o mercado de carbono no Brasil. *Um Só Planeta*, 20 nov. 2024. Disponível em: https://umsoplaneta.globo.com/opiniao/colunas-e-blogs/clima-desenvolvimento/noticia/2024/11/20/especialistas-veem-com-bons-olhos-texto-que-regulamenta-o-mercado-de-carbono-no-brasil.ghtm. Acesso em: 17 dez. 2024.

BLAUFELDER, Christopher *et al.* A blueprint for scaling voluntary carbon markets to meet the climate challenge. *McKinsey Sustentability*, January 29, 2021. Disponível em: https://www.mckinsey.com/capabilities/sustainability/our-insights/a-blueprint-for-scaling-voluntary-carbon-markets-to-meet-the-climate-challenge. Acesso em: 31 jan. 2025.

BLAUFELDER, Christopher *et al.* Mercado voluntário de carbono tem potencial gigantesco no Brasil. *McKinsey & Company*, 14 set. 2020. Disponível em: https://www.mckinsey.com.br/our-insights/all-insights/mercado-voluntario-de-carbono-tem-potencial-gigantesco-no-brasil. Acesso em: 31 jan. 2025.

BOBBIO, Norberto. *Da estrutura à função:* novos estudos de teoria do direito. Barueri: Manole, 2007.

BOEHM, Sophie; SCHUMER, Clea. 10 conclusões do Relatório do IPCC sobre mudanças climáticas de 2023. *WRI Brasil,* 24 mar. 2023. Disponível em: https://www.wribrasil.org.br/noticias/10-conclusoes-do-relatorio-do-ipcc-sobre-mudancas-climaticas-de-2023. Acesso em: 31 jan. 2025.

BORN, Rubens H.; TALOCCHI, Sérgio. *Proteção do capital social e ecológico por meio de compensações por serviços ambientais* (CSA). São Paulo: Peirópolis, 2002.

BOSON, Gerson de Britto Mello. *Curso de direito internacional público.* Belo Horizonte: Bernardo Álvares Editora, 1958.

BRASIL. *Constituição Federal (1988).* Disponível em http://www.planalto.gov.br/ccivil_03/constituicao/constituicao.htm. Acesso em: 17 dez. 2024.

BRASIL. *Lei n. 6.938, de 31 de agosto de 1981.* Dispõe sobre a Política Nacional do Meio Ambiente, seus fins e mecanismos de formulação e aplicação, e dá outras providências. Disponível em: https://www.planalto.gov.br/ccivil_03/leis/l6938.htm. Acesso em: 31 jan. 2025.

BRASIL. *Lei n. 11.196, de 21 de novembro de 2005.* Institui o Regime Especial de Tributação para a Plataforma de Exportação de Serviços de Tecnologia da Informação – REPES […] e dá outras providências. Disponível em: http://www.planalto.gov.br/ccivil_03/_ato2004-2006/2005/lei/l11196.htm. Acesso em: 17 dez. 2024.

BRASIL. *Lei n. 11.284, de 2 de março de 2014.* Dispõe sobre a gestão de florestas públicas para a produção sustentável; institui, na estrutura do Ministério do Meio Ambiente, o Serviço Florestal Brasileiro – SFB; […] e dá outras providências. Disponível em: http://www.planalto.gov.br/ccivil_03/_ato2004-2006/2006/lei/l11284.htm. Acesso em: 17 dez. 2024.

BRASIL. *Lei n. 11.428, de 22 de dezembro de 2006.* Dispõe sobre a utilização e proteção da vegetação nativa do Bioma Mata Atlântica, e dá outras providências. Disponível em: http://www.planalto.gov.br/ccivil_03/_ato2004-2006/2006/lei/l11428.htm. Acesso em: 17 dez. 2024.

BRASIL. *Lei n. 12.187, de 29 de dezembro de 2009.* Institui a Política Nacional sobre Mudança do Clima – PNCC, e dá outras providências. Disponível em: http://www.planalto.gov.br/ccivil_03/_ato2007-2010/2009/lei/l12187.htm. Acesso em: 17 dez. 2024.

BRASIL. *Lei n. 12.305, de 2 de agosto de 2010.* Institui a Política Nacional de Resíduos Sólidos, altera a Lei n. 9.605, de 12 de fevereiro de 1998, e dá outras providências. Disponível em: http://www.planalto.gov.br/ccivil_03/_ato2007-2010/2010/lei/l12305.htm. Acesso em: 17 dez. 2024.

BRASIL. *Lei n. 12.512, de 14 de outubro de 2011.* Institui o Programa de Apoio à Conservação Ambiental e o Programa de Fomento às Atividades Produtivas Rurais; altera as Leis ns. 10.696, de 2 de julho de 2003, 10.836, de 9 de janeiro de 2004, e 11.326, de 24 de julho de 2006. Disponível em: http://www.planalto.gov.br/ccivil_03/_ato2011-2014/2011/Lei/L12512.htm. Acesso: 17 dez. 2024.

BRASIL. *Lei n. 12.651, de 25 de maio de 2012.* Dispõe sobre a proteção da vegetação nativa; altera as Leis ns. 6.938, de 31 de agosto de 1981, 9.393, de 19 de dezembro de 1996, e 11.428, de 22 de dezembro de 2006; revoga as Leis ns. 4.771, de 15 de setembro de 1965, e 7.754, de 14 de abril de 1989, e a Medida Provisória n. 2.166-67, de 24 de agosto de 2001; e dá outras providências. Disponível em: http://www.planalto.gov.br/ccivil_03/_ato2011-2014/2012/lei/l12651.htm. Acesso em: 17 dez. 2024.

BRASIL. *Lei n. 12.854, de 26 de agosto de 2013.* Fomenta e incentiva ações que promovam a recuperação florestal e a implantação de sistemas agroflorestais em áreas rurais desapropriadas e em áreas degradadas, nos casos que especifica. Disponível em: http://www.planalto.gov.br/ccivil_03/_Ato2011-2014/2013/Lei/L12854.htm. Acesso em: 17 dez. 2024.

BRASIL. *Lei n. 14.119, de 13 de janeiro de 2021.* Institui a Política Nacional de Pagamento por Serviços Ambientais; e altera as Leis ns. 8.212, de 24 de julho de 1991, 8.629, de 25 de fevereiro de 1993, e 6.015, de 31 de dezembro de 1973, para adequá-las à nova política. Disponível em: https://www.planalto.gov.br/ccivil_03/_ato2019-2022/2021/lei/l14119.htm. Acesso em: 31 jan. 2025.

BREGER, Marshall J.; ELLIOTT, E. Donald; HAWKINS, David; STEWART, Richard R. Providing economic incentives in environmental regulation. *Faculty Scholarship Series.* Paper 2206, 1991. Disponível em: http://digitalcommons.law.yale.edu/cgi/viewcontent.cgi?article=3198&context=fss_paper. Acesso em: 17 dez. 2024.

BUCCI, Maria Paula Dallari. O conceito da política pública em direito. *Políticas públicas:* reflexões sobre o conceito jurídico. São Paulo: Saraiva, 2006.

BULLA, Beatriz; DYNIEWICZ, Luciana; NARDIN, Daniel. "Fazendas de carbono", uma oportunidade de US$ 15 bi ao Brasil, começam a mudar paisagem na Amazônia. *Estadão,* 17 dez. 2024. Disponível em: https://www.

estadao.com.br/economia/fazendas-de-carbono-uma-oportunidade-de-us-15-bi-ao-brasil-comecam-a-mudar-paisagem-na-amazonia/?srsltid=Afm-BOortDrtb0glNQWIrXqlIeXDXZl1MooK0XxaxU6t91PEnmFIht1_H. Acesso em: 17 dez. 2024

CABRAL, Neal. Exploring how today's development affects future generations around the globe: in this issue: sustainable directions in U.S. Environmental Law: the role of renewable portfolio standards in the context of a national carbon cap-and-trade program. *Sustainable Development Law & Policy*, American University, 2007.

CACAIS, Rubens Capistrano. Cooperação internacional ambiental. *In*: MILARÉ, Édis; MACHADO, Paulo Affonso Leme (org.). *Direito ambiental*: direito ambiental internacional e temas atuais. São Paulo: RT, 2011.

CAHALI, Yussef Said. *Dano moral*. São Paulo: RT, 2011.

CAN China's new carbon market take off? *The Economist,* Feb 27th 2021. Disponível em: https://www.economist.com/finance-and-economics/2021/02/27/can-chinas-new-carbon-market-take-off?. Acesso em: 31 jan. 2025.

CARVALHO, Paulo de Barros. Princípios e sobreprincípios na interpretação do direito. *In*: DE LUCCA, Newton; MEYER-PFLUG, Samantha Ribeiro; NEVES, Mariana Barboza (coord.). *Direito constitucional contemporâneo*. São Paulo: Quartier Latin, 2012.

CARVALHO, Paulo de Barros. *Teoria da norma tributária*. São Paulo: Max Limonad, 1998.

CLENDENNING, Greg; JACOBSEN, Grant; KOTCHEN, Matthew J. *Community-based incentives for environmental protection:* the case of green electricity. 2012. Disponível em: http://environment.yale.edu/kotchen/pubs/community.pdf. Acesso em: 17 dez. 2024.

CLIMA E DESENVOLVIMENTO. Visões para o Brasil 2030. Documento de cenários e políticas climáticas. 15 out. 2021. Disponível em: https://clima2030.org/wp-content/uploads/2022/08/Clima-e-Desenvolvimento-Visoes-para-o-Brasil-2030-Documento-de-Cenario-e-Politicas-Climaticas-15-out-2021.pdf. Acesso em: 17 dez. 2024.

CLIMATE change monthly update: June 2024. *Economist Intelligence,* 05th Jun 2024. Disponível em: https://www.eiu.com/n/climate-change-monthly-update-june-2024. Acesso em: 31 jan. 2025.

CNI; SESI; ANVISA; CNC; SENAC; SESC; CNA; SENAR; EMBRAPA; SENAI; SEBRAE. *Manual de Boas Práticas Agropecuárias e Sistema APPCC.*

2004. Disponível em: https://ainfo.cnptia.embrapa.br/digital/bitstream/item/18394/1/agropecuaria-1.pdf. Disponível em: 31 jan. 2024.

COIMBRA, Ávila. *O outro lado do meio ambiente*. São Paulo: Millennium, 2002.

CONVENÇÃO-QUADRO das Nações Unidas sobre Mudança do Clima. Editado e traduzido pelo Ministério da Ciência e Tecnologia com o apoio do Ministério das Relações Exteriores da República Federativa do Brasil.

COSSIO, Carlos. *La teoría egológica del derecho*: su problema y sus problemas. Buenos Aires: Abeledo-Perrot, 1963.

COSTA, Pedro Moura. *A convenção climática e o surgimento de* commodities *ambientais*. São Paulo: Gazeta Mercantil, 1997.

DAMASCENO, Monica. A Convenção-Quadro das Nações Unidas sobre mudança do clima. *In*: SOUZA, Rafael Pereira de (org.). *Aquecimento global e créditos de carbono*. São Paulo: Quartier Latin Brasil, 2007.

DAPICE, David. Thinking about the future: the complementary roles of economists and environmentalists. *In*: GOODWIN, Neva R. (ed.). *As if the future mattered:* translating social and economic theory into human behavior. Ann Arbor: University of Michigan Press, 1996.

DEMANGE, Lia Helena Monteiro de Lima. The principle of resilience. *Pace Environmental Law Review*, v. 30, n. 2, p. 695-810, 2013.

DONEHOWER, Jonathan. Analyzing carbon emissions trading: a potential cost efficient mechanism to reduce carbon emissions. *Environmental Law*, 2008.

EDGAR (Emissions Database for Global Atmospheric Research) Community GHG Database, a collaboration between the European Commission, Joint Research Centre (JRC), the International Energy Agency (IEA), and comprising IEA-EDGAR CO_2, EDGAR CH_4, EDGAR N_2O, EDGAR F-GASES version 8.0, (2023) European Commission, JRC (Datasets). The complete citation of the EDGAR Community GHG Database is available in the "Sources and References" section. Disponível em: https://edgar.jrc.ec.europa.eu/report_2023. Acesso em: 31 jan. 2025.

EDGAR. *GHG Emissions of All World Countries*. 2023. Disponível em: https://edgar.jrc.ec.europa.eu/report_2023. Acesso em: 31 jan. 2025.

ESTAMOS na era da "fervura global", diz secretário da ONU em meio a onda de calor recorde. *Valor Econômico,* 27 jul. 2023. Disponível em: https://valor.globo.com/mundo/noticia/2023/07/27/estamos-na-era-da-fervura-global-diz-secretrio-da-onu-em-meio-a-onda-de-calor-recorde.ghtml. Acesso em: 31 jan. 2025.

EUROPEAN COMMISSION. *What is the EU ETS?* 2024. Disponível em: https://climate.ec.europa.eu/eu-action/eu-emissions-trading-system-eu--ets/what-eu-ets_en#a-cap-and-trade-system. Disponível em: 31 jan. 2025.

FAZOLLI, Silvio Alexandre. Princípios ambientais tributários e a extrafiscalidade. *Revista de Direito Ambiental*, São Paulo, v. 34, p. 78-83, abr.-jun. 2004.

FERNANDES, Francisco. *Dicionário brasileiro contemporâneo*. 2. ed. São Paulo: Globo, 1969.

FERRAZ JR., Tercio Sampaio. *Introdução ao estudo do direito*: técnica, decisão, dominação. São Paulo: Atlas, 2003.

FERREIRA, Aurélio Buarque de Hollanda. *Pequeno dicionário brasileiro da língua portuguesa*. 11. ed. São Paulo: Civilização Brasileira, 1969.

FRANGETTO, Flavia Witkowski; GAZANI, Flavio Rufino. *Viabilização jurídica do mecanismo de desenvolvimento limpo (MDL) no Brasil*. São Paulo: Peirópolis, 2002.

FREEMAN III, A. Myrick. Economics, incentives and environmental regulation. *In*: VIG, Norman J.; KRAFT, Michael (ed.). *Environmental policy:* new directions for the twenty-first century. 4. ed. Washington, D.C.: CQ Press, 2006.

FREITAS, Gilberto Passos de. *A Constituição Federal e a efetividade das normas ambientais*. Tese (Doutorado em Direito) – Faculdade de Direito, Universidade Federal do Paraná, Curitiba, 1998.

FREITAS, Gilberto Passos de. Direito penal ambiental. *In*: PHILIPPI JUNIOR, Arlindo; ALVES, Alaôr Caffé (ed.). *Curso interdisciplinar de direito ambiental*. Barueri: Manole, 2005.

FREITAS, Gilberto Passos de; FREITAS, Vladimir Passos de. *Crimes contra a natureza*. 8. ed. São Paulo: RT, 2006.

FÜHRER, Maximilianus Cláudio Américo; MILARÉ, Édis. *Manual de direito público & privado*. São Paulo: RT, 2005.

GARCIA, Rafael. Entenda como "floresta invertida" do Cerrado armazena carbono no subsolo e mantém equilíbrio hídrico. *Um Só Planeta,* 10 jun. 2024. Disponível em: https://umsoplaneta.globo.com/biodiversidade/noticia/2024/06/10/entenda-como-floresta-invertida-do-cerrado-armazena-carbono-no-subsolo-e-mantem-equilibrio-hidrico.ghtml. Disponível em: 31 jan. 2025.

GEHRING, Markus W.; NEWCOMBE, Andrew; SEGGER, Marie-Claire Cordonier (ed.). *Sustainable development in world investment law*. Alphen aan den Rijn, The Netherlands: Kluwer Law International; Frederick, MD:

Sold and distributed in North, Central and South America by Aspen Publishers, 2011.

GLOBAL economic losses from extreme weather could hit $5 trillion, Lloyd's says. *Reuters,* Oct. 11, 2023. Disponível em: https://www.reuters.com/business/environment/global-economic-losses-extreme-weather-could-hit-5-trln-lloyds-2023-10-11. Acesso em: 31 jan. 2025.

GOLDFINE, Stephanie. Using economic incentives to promote environmentally sound business practices: a look at Germany's experience with its regulation on the avoidance of packaging waste. *HeinOnline*, 7 Geo. Int'l Envtl. L. Rev. 309, 1994. Disponível em: www.heinonline.org. Acesso em: 17 dez. 2024.

GRAU NETO, Werner. O novo paradigma indutor do trato tributário da questão ambiental: do poluidor-pagador ao princípio da sustentabilidade. *Revista de Direito Ambiental*, São Paulo, v. 64, p. 11-27, out.-dez. 2011.

GREENFIELD, Patrick. More than 90% of rainforest carbon offsets by biggest certifier are worthless, analysis shows. *The Guardian*, 18 jan. 2023. Disponível em: https://www.theguardian.com/environment/2023/jan/18/revealed-forest-carbon-offsets-biggest-provider-worthless-verra-aoe. Acesso em: 17 dez. 2024.

HANLEY, Nick; SHOGREN, Jason; WHITE, Ben. *Environmental economics in theory and practice*. New York: Oxford University Press, 1997.

HERCOWITZ, Marcelo; MATTOS, Luciano. Pontos fundamentais para o desenho de políticas públicas de serviços ambientais voltadas às populações tradicionais e povos indígenas. *In*: NOVION, Henry; VALLE, Raul (ed.). É pagando que se preserva? Documentos ISA. São Paulo: Instituto Socioambiental, n. 10, 2009.

HIRSCH, Dennis. *Proceedings from the symposium on the law and policy of ecosystem services*: Trading in ecosystem services: Carbon and the clean development mechanism. Florida State University, 2007.

IEA. *CO_2 emissions in 2023*: a new record high, but there is light at the end of the tunnel? 2024. Disponível em: https://www.iea.org/reports/co2-emissions-in-2023. Acesso em: 31 jan. 2024.

IHERING, Rudolf von. *A finalidade do direito*. Campinas: Bookseller, 2002.

IHERING, Rudolf von. *A luta pelo direito*. 16. ed. Rio de Janeiro: Forense, 1998.

IPCC. *Climate Change 2022*: impacts, adaptation and vulnerability. 2022. Disponível em: https://www.ipcc.ch/report/sixth-assessment-report-working-group-ii. Acesso em: 31 jan. 2025.

KELSEN, Hans. *Teoria pura do direito*. São Paulo: Martins Fontes, 2000.

KNOLL, Michael S. Products liability and legal leverage: the perverse effect of stiff penalties. *UCLA – University of California Los Angeles Law Review*, v. 45, n. 1, Oct. 1997.

KRAFT, Steven E.; LANT, Christopher L.; RUHL, J. B. *The law and policy of ecosystem services*. Washington: Island Press, 2007.

KUBASEK, Nancy K.; SILVERMAN, Gary S. *Environmental law*. 2. ed. Upper Saddle River, N. J.: Prentice-Hall, 1997.

LATIN, Howard A. Regulatory failure, administrative incentives and the new clean air act. *In*: PERCIVAL, Robert; ALEVIZATOS, Dorothy (ed.). *Law and the environment:* a multidisciplinary reader. Philadelphia: Temple University Press, 1997.

LEFF, Enrique. *Racionalidade ambiental*: a reapropriação social da natureza. Trad. Luís Carlos Cabral. Rio de Janeiro: Civilização Brasileira, 2006.

LEITE, José Rubens Morato. *Dano ambiental*: do individual ao coletivo extrapatrimonial. São Paulo: RT, 2000.

LEMOS, Patrícia Faga Iglecias. *Direito ambiental*: responsabilidade civil e proteção ao meio ambiente. 3. ed. São Paulo: 2010.

LEMOS, Patrícia Faga Iglecias. *Meio ambiente e responsabilidade civil do proprietário:* análise do nexo causal. São Paulo: RT, 2008.

LEMOS, Patrícia Faga Iglecias. *Resíduos sólidos e responsabilidade civil pós-consumo.* São Paulo: RT, 2012.

LITTLE, Paul. Os desafios da política ambiental no Brasil. *In*: LITTLE, Paul (org.). *Políticas ambientais no Brasil:* análises, instrumentos e experiências. São Paulo: Peirópolis, 2003.

LÓPEZ, José Manuel Castillo. *La reforma fiscal ecológica.* Granada: Comares, 1999.

LOPEZ, Teresa Ancona. *Princípio da precaução e evolução da responsabilidade civil.* São Paulo: Quartier Latin, 2010.

MACHADO, Nayara. Brasil entre os países mais alinhados com Net Zero, mas fica para trás no hidrogênio. Eixos. 23 maio 2024. Disponível em: https://eixos.com.br/newsletters/dialogos-da-transicao/ndc-coloca-brasil-entre-os-paises-mais-alinhados-com-net-zero-mas-fica-para-tras-no--hidrogenio/. Acesso em: 10 fev. 2025.

MARCHI, Eduardo Cesar Silveira Vita. *Guia de metodologia jurídica*: teses, monografia e artigos. Lecce-Italy: Edizioni Del Grifo, 2002.

MARINHO, Yuri Rugai; STABILE, Marcelo C. C. O diálogo entre o agronegócio brasileiro e o mercado de carbono. *ECCON,* abr. 2024. Disponível em: https://ecconsa.com.br/cna105. Acesso em: 31 jan. 2025.

MARINHO, Yuri Rugai. A Lei de Crimes Ambientais frente à evolução do direito ambiental: sanções *versus* incentivos. *In*: ALVAREZ, Albino Rodrigues; MOTA, José Aroudo (org.). *Sustentabilidade ambiental no Brasil*: biodiversidade, economia e bem-estar humano. Brasília: IPEA, 2010.

MARINHO, Yuri Rugai. *Créditos de carbono:* incentivo do direito internacional ambiental. Monografia (Graduação em Direito) – Faculdade de Direito, Universidade de São Paulo, São Paulo, 2008.

MARINHO, Yuri Rugai. *Incentivos positivos para a proteção do meio ambiente.* Dissertação (Mestrado) – Faculdade de Direito, Universidade de São Paulo, São Paulo, 2014. Disponível em: https://www.teses.usp.br/teses/disponiveis/2/2131/tde-24032017-120036/pt-br.php. Acesso em: 31 jan. 2025.

MARTINS-COSTA, Judith; PARGENDLER, Mariana Souza. Usos e abusos da função punitiva (*punitive damages* e o direito brasileiro). *Revista CEJ*, Brasília, n. 28, p. 15-32, 2005.

MARTINS, André. Com R$ 100,8 bilhões em 30 anos, RS lidera em prejuízos por extremos climáticos no Brasil. *Exame*. 23 maio 2024. Disponível em: https://exame.com/brasil/com-r-1008-bilhoes-em-30-anos-rs-lidera-em--prejuizos-por-extremos-climaticos-no-brasil/. Acesso em: 10 fev. 2025.

MICHAEL, Ash. *Taxation, innovation and the environment*. Paris: OECD, 2010.

MIGUEL, Sylvia. Nova York, a metrópole com a água mais pura do planeta. *IEA.USP,* 9 set. 2016. Disponível em: http://www.iea.usp.br/noticias/nova-york-a-metropole-com-a-agua-mais-pura-do-planeta-1. Acesso em: 31 jan. 2025.

MILARÉ, Édis; COSTA JÚNIOR, Paulo José da. *Direito penal ambiental*: comentários à Lei n. 9.605/98. Campinas: Millennium, 2002.

MILARÉ, Édis. *Direito do ambiente*. 6. ed. São Paulo: RT, 2009.

MINAS GERAIS. *Lei n. 20.922, de 16 de outubro de 2013*. Dispõe sobre as políticas florestal e de proteção à biodiversidade no Estado. Disponível em: http://www.almg.gov.br/consulte/legislacao/completa/completa-nova--min.html?tipo=LEI&num=20922&comp=&ano=2013&texto=original. Acesso em: 17 dez. 2024.

MINISTÉRIO DO MEIO AMBIENTE. *Instrumentos econômicos para o desenvolvimento sustentável da Amazônia brasileira*. Brasília, 2005. Disponível em: https://www.ibama.gov.br/sophia/cnia/livros/instrumentoseconomicosparaodesenvolvimentosustentaveldaamazoniadigital.pdf. Acesso em: 31 jan. 2025.

MIRRA, Álvaro Luiz Valery. Fundamentos do direito ambiental no Brasil. *Revista dos Tribunais*, São Paulo, v. 706, p. 7-29, ago. 1994.

MOTTA, Ronaldo S. da. Instrumentos econômicos e política ambiental. *Revista de Direito Ambiental*, São Paulo, v. 20, p. 86-93, out.-dez. 2000.

NAÇÕES UNIDAS. *Relatório da ONU revela aumento alarmante nos efeitos da mudança climática.* 21 abr. 2023. Disponível em: https://news.un.org/pt/story/2023/04/1813222. Acesso em: 31 jan. 2025.

NAZO, Georgette Nacarato; MUKAI, Toshio. O direito ambiental no Brasil: evolução histórica e a relevância do direito internacional do meio ambiente. *In*: MILARÉ, Édis; MACHADO, Paulo Affonso Leme (org.). *Direito ambiental:* direito ambiental internacional e temas atuais. São Paulo: RT, 2011.

NINO, Carlos Santiago. *Introducción al análisis del derecho.* Barcelona: Ariel, 1983.

NOWICKI, Meghan. Implementing sustainable industrial development in the United States and abroad: the need for legislation and international cooperation. 62 *Ala. L. Rev.* 1093, 2010-2011.

NUSDEO, Ana Maria de Oliveira. O uso de instrumentos econômicos nas normas de proteção ambiental. *Revista da Faculdade de Direito da Universidade de São Paulo*, São Paulo, v. 101, p. 357-378, jan.-dez. 2006.

NUSDEO, Ana Maria de Oliveira. *Pagamento por serviços ambientais:* sustentabilidade e disciplina jurídica. São Paulo: Atlas, 2012.

NUSDEO, Ana Maria de Oliveira. Utilização de instrumentos econômicos nos países integrantes e no âmbito do TCA: experiência, limitações e potencialidades. *Anais do XV Congresso Nacional do CONDEPI*: direito, sociobiodiversidade e soberania na Amazônia. Florianópolis: Fundação Boiteux, 2007.

NUSDEO, Fábio. *Desenvolvimento e ecologia.* São Paulo: Saraiva, 1975.

OLIVER WYMAN. *Alterações climáticas podem causar até 14,5 milhões de mortes até 2050.* 24 jul. 2024. Disponível em: https://www.oliverwyman.es/pt/media-center/2024/jul/Alteracoes-climaticas-podem-causar-ate-14,5-milhoes-de-mortes-ate-2050.html. Acesso em: 31 jan. 2025.

PAEHLKE, Robert C. Environmental values and public policy. *In*: VIG, Norman J.; KRAFT, Michael (ed.). *Environmental policy:* new directions for the twenty-first century. 4.ed. Washington, D.C.: CQ Press, 2006.

PARÁ. *Constituição Estadual (1989).* Disponível em: http://www.sefa.pa.gov.br/LEGISLA/leg/Diversa/ConstEmendas/ConstEstadual/Constituicao%20Para.htm. Acesso em: 17 dez. 2024.

PARÁ. *Lei n. 7.638, de 12 de julho de 2012.* Dispõe sobre o tratamento especial de que trata o § 2º do art. 225 da Constituição do Estado do Pará. Disponível em: http://www.alepa.pa.gov.br/alepa/arquivos/bleis/bancodeleis12-02A1A14.pdf. Acesso em: 17 dez. 2024.

PEREIRA, Caio Mário da Silva. *Responsabilidade civil.* Rio de Janeiro: Forense, 2012.

PIVETTA, Marcos. Ano de 2023 é o mais quente do planeta desde 1850. *Pesquisa Fapesp,* 28 jan. 2024. Disponível em: https://revistapesquisa.fapesp.br/ano-de-2023-e-o-mais-quente-do-planeta-desde-1850. Acesso em: 31 jan. 2024.

PLATER, Zygmunt J. B. *et al. Environmental law and policy*: nature, law, and society. 4. ed. New York: Aspen Publishers; Austin: Wolters Kluwer Law & Business, 2010.

POLINSKY, A. Mitchell. *An introduction to law and economics.* Boston: Little, Brown and Company, 1989.

PRADO, Luiz Regis. *Crimes contra o meio ambiente.* 2.ed. São Paulo: RT, 2001.

PRADO, Luiz Regis. *Direito penal do ambiente.* 2.ed. São Paulo: RT, 2009.

PRADO, Luiz Regis. Princípios penais de garantia e a nova lei ambiental. *Boletim IBCCRIM,* edição especial do IV Seminário Internacional do IBCCRIM, São Paulo, n. 70, p. 10-23, 1998.

PROTOCOLO de Quioto. Editado e traduzido pelo Ministério da Ciência e Tecnologia com o apoio do Ministério das Relações Exteriores da República Federativa do Brasil. 1997. Disponível em: https://repositorio.mcti.gov.br/bitstream/mctic/5521/1/1997_o_protocolo_de_quioto.pdf. Acesso em: 31 jan. 2025.

QUEIROZ, João Eduardo Lopes; SANTOS, Márcia Walquiria Batista dos. *Direito administrativo econômico.* São Paulo: Atlas, 2011.

REHBINDER, Eckard. Environmental regulation through fiscal and economic incentives in a federalist system. *HeinOnline,* 20 Ecology L.Q. 57, 1993. Disponível em: www.heinonline.org. Acesso em: 17 dez. 2024.

REVESZ, Richard; SANDS, Philippe; STEWART, Richard B. *Environmental law, the economy, and sustainable development:* the United States, the European Union, and the international community. New York: Cambridge University Press, 2000.

REZEK, José Francisco. *Direito dos tratados.* Rio de Janeiro: Forense, 1984.

REZEK, José Francisco. *Direito internacional público.* 13. ed. São Paulo: Saraiva, 2011.

RITTNER, Daniel. Créditos de carbono podem render US$ 100 bi ao Brasil, aponta estudo. *Valor Econômico,* 21 set. 2021. Disponível em: https://valor.globo.com/brasil/noticia/2021/09/21/creditos-de-carbono-podem-render-us-100-bi-ao-brasil-aponta-estudo.ghtml. Acesso em: 31 jan. 2025.

ROSA, Bruno. Brasil pode liderar projetos de preservação de florestas no mundo, com Arco da Restauração na Amazônia, diz BNDES. *O Globo*, 23 jul. 2024. Disponível em: https://oglobo.globo.com/mundo/g20-no--brasil/noticia/2024/07/23/brasil-pode-liderar-projetos-de-preservacao--de-florestas-no-mundo-com-arco-da-restauracao-na-amazonia-diz-bn-des.ghtml. Acesso em: 17 dez. 2024.

SACHS, Ignacy. *Desenvolvimento includente, sustentável, sustentado.* Rio de Janeiro: Garamond, 2004.

SÃO PAULO. *Decreto n. 59.260, de 5 de junho de 2013.* Institui o Programa Estadual de apoio financeiro a ações ambientais, denominado Crédito Ambiental Paulista, e dá providências correlatas. Disponível em: http://www.al.sp.gov.br/norma/?id=170434. Acesso em: 17 dez. 2024.

SÃO PAULO. *Lei n. 13.798, de 9 de novembro de 2009.* Institui a Política Estadual de Mudanças Climáticas – PEMC. Disponível em: http://www.al.sp.gov.br/norma/?id=158351. Acesso em: 17 dez. 2024.

SCHOUERI, Luís Eduardo. Normas tributárias indutoras em matéria ambiental. *In*: TORRES, Heleno Taveira (org.). *Direito tributário ambiental.* São Paulo: Malheiros, 2005.

SEIDENFELD, Mark. *Microeconomic predicates to law and economics.* Cincinnati: Anderson Publishing Company, 1996.

SILVA, Enio Moraes da. Os organismos geneticamente modificados e o princípio da precaução como instrumento de proteção ambiental. *In*: MILARÉ, Édis; MACHADO, Paulo Affonso Leme (org.). *Direito ambiental:* direito ambiental internacional e temas atuais. São Paulo: RT, 2011.

SOARES, Guido Fernando da Silva. *A proteção internacional do meio ambiente.* Barueri: Manole, 2003.

SOARES, Guido Fernando da Silva. *Curso de direito internacional público.* 2. ed. São Paulo: Atlas, 2002.

SOARES, Guido Fernando da Silva. *Direito internacional do meio ambiente:* emergência, obrigações e responsabilidades. São Paulo: Atlas, 2001.

SOARES, Guido Fernando da Silva. Direitos humanos e meio ambiente. *In*: AMARAL JÚNIOR, Alberto do; PERRONE-MOISÉS, Cláudia (org.). *O cinquentenário da Declaração Universal dos Direitos do Homem.* São Paulo: Edusp, 1999.

SODRÉ, Marcelo Gomes. Padrões de consumo e meio ambiente. *Revista de Direito do Consumidor*, São Paulo, v. 31, p. 24-78, jul.-set. 1999.

STERLING, Toby; PLUCINSKA, Joanna. Dutch court finds KLM ads were misleading in "greenwashing" case. *Reuters*, 20 mar. 2024. Disponível em:

https://www.reuters.com/business/aerospace-defense/dutch-court-rule-klm-greenwashing-case-2024-03-20. Acesso em: 17 dez. 2024.

STEWART, Richard B. Economic incentives for environmental protection: opportunities and obstacles. *In*: REVESZ, Richard; SANDS, Philippe; STEWART, Richard B. *Environmental law, the economy, and sustainable development*: the United States, the European Union, and the international community. New York: Cambridge University Press, 2000.

TALOCCHI, Sérgio; BORN, Rubens H. *Proteção do capital social e ecológico por meio de compensações por serviços ambientais* (CSA). São Paulo: Peirópolis, 2002.

TO LIMIT global warming to 1.5°C, we have just 6 years to reach Net Zero. *Fast Company,* 11 abr. 2023. Disponível em: https://www.fastcompany.com/90977364/to-limit-global-warming-to-1-5c-we-have-just-6-years-to-reach-net-zero. Acesso em: 31 jan. 2025.

TORRES, Heleno Taveira (org.). *Direito tributário ambiental.* São Paulo: Malheiros Editores, 2005.

TRENNEPOHL, Curt. *Infrações contra o meio ambiente.* Belo Horizonte: Fórum, 2006.

TRENNEPOHL, Terence Dorneles. *Incentivos fiscais no direito ambiental*: para uma matriz energética limpa e o caso do etanol brasileiro. São Paulo: Saraiva, 2011.

TUPIASSU, Lise Vieira da Costa. *Tributação ambiental:* a utilização de instrumentos econômicos e fiscais na implementação do direito ao meio ambiente saudável. Rio de Janeiro: Renovar, 2006.

U.S. CONGRESS, Office of Technology Assessment, Environmental Policy Tools: a user's guide. OTAENV-634. (Washington, D.C.: U.S. Government Printing Office, September, 1995). *In*: PERCIVAL, Robert; ALEVIZATOS, Dorothy (ed.). *Law and the environment:* a multidisciplinary reader. Philadelphia: Temple University Press, 1997.

UC SAN DIEGO. *The Keeling Curve.* Disponível em: https://keelingcurve.ucsd.edu. Acesso em: 31 jan. 2025.

VEIGA, Edilson. Com mudança climática, Brasil precisa repensar agronegócio, dizem especialistas. *CNN Brasil,* 9 ago. 2021. Disponível em: https://www.cnnbrasil.com.br/nacional/com-mudanca-climatica-brasil-precisa-repensar-agronegocio-dizem-especialistas. Acesso em: 31 jan. 2025.

VIG, Norman J.; KRAFT, Michael E. (ed.). *Environmental policy:* new directions for the twenty-first century. 4. ed. Washington, D.C.: CQ Press, 2006.

VIRI, Natalia. Um retrato das metas *net zero* no Brasil em cinco pontos. *Reset,* 30 jun. 2023. Disponível em: https://capitalreset.uol.com.br/empresas/net-zero/um-retrato-das-metas-net-zero-no-brasil-em-cinco-pontos. Acesso em: 31 jan. 2023.

WAINER, Ann Helen. *Legislação ambiental do Brasil:* subsídios para a história do direito ambiental. Rio de Janeiro: Forense, 1991.

WORLD ECONOMIC FORUM. *The Global Risks Report 2024.* Insight report. Geneva, 2024. Disponível em: https://www3.weforum.org/docs/WEF_The_Global_Risks_Report_2024.pdf. Acesso em: 31 jan. 2025.

WUNDER, Sven. Payments for environmental services: some nuts and bolts. *CIFOR Occasional Paper,* Jacarta: Center for International Forestry Research n. 42, 2005. Disponível em: http://www.cifor.cgiar.org/publications/pdf_files/OccPapers/OP-42.pdf. Acesso em: 17 dez. 2024.

YOSHIDA, Consuelo Yatsuda Moromizato. A efetividade e a eficiência ambiental dos instrumentos econômico-financeiros e tributários. Ênfase na prevenção. A utilização econômica dos bens ambientais e suas implicações. *In*: TORRES, Heleno Taveira (org.). *Direito tributário ambiental.* São Paulo: Malheiros, 2005.

Índice remissivo

A

Acordo de Paris 16, 22
Administrative Conference of the
  United States 94
Aerossóis 1
*Afforestation, Reforestation, and
  Revegetation* 38
Agência Nacional de Petróleo, Gás
  Natural e Biocombustíveis 124
Agricultura 3
  local XXXII
  sustentável 38
Agrofloresta 39
Agropecuário 30
AirCarbon Exchange 126
Amazônia XXIX, 40
Aquecimento global 6, 7, 28
Área de Preservação Permanente 41
Armazenamento de carbono no solo
  39
Aterro sanitário 39, 53
Atividade 129
Aumento das temperaturas 13
Auren 53

B

B3 126
Biocombustíveis 4
Biodiversidade XXXII
Bioeconomia mundial XXXII
Bolsas de carbono 32

C

Caatinga 40
Cálculo do estoque de carbono 42
Câmara de Comércio Internacional
  30
Cancelamento 129
Cap 108
Cap and trade XXXII, 36, 108, 112,
  118
Captura e armazenamento de
  carbono 39
Captura e estocagem de dióxido de
  carbono 123
  Agência Nacional de Petróleo,
    Gás Natural e Biocombustíveis
    124
  Consórcio Greensand 123

Northern Lights 123
Petrobras 123
Carbon capture and storage 123
Certificado de Redução ou
Remoção Verificada de Emissões
110, 129
Certificador de projetos ou
programas de crédito de carbono
129
Certificadores independentes 32
Certificados de Abono Florestal 90
Certificados de Redução ou
Remoção Verificada de Emissões
115
China 36
Citrosuco 57
Clean Air Act 92
Clean Development Mechanism 32
Climate Week NYC 50
Clorofluorcarbonos 1
Comissão de Valores Mobiliários 108
Comitê de Articulação Federativa
113
Compensação de emissões 16
residuais 33
Concessão de facilidades na obtenção
de empréstimos financeiros 73
Conciliação periódica de obrigações
129
Conferência das Nações Unidas
sobre Meio Ambiente e
Desenvolvimento XXXII, 17, 18
Conferência das Nações Unidas
sobre o Meio Ambiente Humano
17
Conferência das Partes 19
Conselho para o Meio Ambiente da
União Europeia 99

Consórcio Greensand 123
Contribuições Nacionalmente
Determinadas 23
Convenção do Clima 16, 106
Convenção-Quadro das Nações
Unidas sobre Mudança do Clima
16, 18, 78
COP 28 23
COP 29 24, 103
Core Carbon Principles (CCP) 120
Corporate 110
Cota Brasileira de Emissões 110, 129
Cota de Reserva Ambiental 78
Cotas de Emissões 108
Créditos de Carbono 32, 110, 112,
130
Créditos de Emissões de Gases de
Efeito Estufa 24
Curva de Keeling 11

D

Declaração de Estocolmo 17
Decreto n. 11.550 107
Decreto n. 59.260/2013 do Estado
de São Paulo 86
Descarbonização 25, 31, 128
Desenvolvedor de projeto de crédito
de carbono 32, 39, 130
Desmatamento 3
Desperdício energético 39
Dióxido de carbono 1
Direito Ambiental 78
Direito Internacional Ambiental 88
concessão de incentivos 88
Diretiva (UE) 2024/825 124
Disponibilização de tecnologia 75
Donald Trump 22
Dupla contagem 130

Índice remissivo

E

ECCON 40, 49, 126
  projetos de carbono 40
  Projetos de PSA 49
ECO-92 XXXII, 17
Efeito estufa 6
Eficiência energética 27, 39
Emissões 130
  líquidas 130
Energia 30
Environmental, Social and Governance
  (ESG) 33
Estratégias de compensação 27
Estratégias vencedoras 27
European Union Emissions Trading
  Scheme 36
Experiência com a imputação de
  encargos 97
Experiência com incentivos
  econômicos 94
Experiência com o sistema da melhor
  tecnologia disponível 92
Experiência com subsídios 98
Experiência da Costa Rica 90
Experiência da União Europeia 99
Experiência dos Estados Unidos 91

F

Florestas 3, 30
Fogões eficientes 53
Fonte(s) 130
  eólicas 3
  limpas 3
  solares 3
Fontes renováveis de energia 38
  biomassa 38
  eólica 38

  hidrelétrica 38
  solar 38
Fornecimento de serviços públicos
  74
Fórum Econômico Mundial 8, 10

G

Gás carbônico 1
Gases de efeito estufa 1, 31, 130
  emissões 3
  emissões por setor 5
  evolução mundial 4
  evolução no Brasil 4
  redução 10
  taxação de emissões 36
Geração de energia renovável 53
Gerador de projeto de crédito de
  carbono 131
Gerenciamento de emissões 33
Gerenciamento de resíduos sólidos
  74
GHG Protocol 33
Gold Standard 32
Greenwashing 27, 121

H

Hard to abate 31
Hexafluoreto de enxofre 1
Hidrelétricas 3
Hidrofluorocarbonetos 1

I

Incentivo 104
Índice de Sustentabilidade
  Empresarial 77
Iniciativa Brasileira para o Mercado
  Voluntário de Carbono 127

Instalação 131

Instituto Nacional de Pesquisas Espaciais 43

Instrumentos de mercado 77

Integrity Council for the Voluntary Carbon Market 34, 120

Inventário de carbono 26

Investidores e fundos de investimento 32

J

Joe Biden 22

L

Lei da Mata Atlântica 73, 82

Lei estadual n. 7.638/2012 do Estado do Pará 87

Lei estadual n. 20.922/2013 do Estado de Minas Gerais 87

Lei n. 6.938/81 65, 82

Lei n. 11.196/2005 71

Lei n. 11.284/2006 65

Lei n. 14.119/2021 47

Lei n. 11.428/2006 73, 82

Lei n. 12.187/2009 71, 83, 104, 107

Lei n. 12.305/2010 71, 83

Lei n. 12.512/2011 84

Lei n. 12.651/2012 78, 85

Lei n. 12.854/2013 85

Lei n. 13.798/2009 do Estado de São Paulo 86

Lei n. 15.042/2024 60, 105-107, 110

Limite máximo de emissões 131

Linha de base 131

M

Manejo de resíduos 39

Manejo florestal sustentável 38

Maquiagem verde 27

Mata Atlântica 57

Mecanismo de Desenvolvimento Limpo 21

Mecanismo de estabilização de preços 131

Mensuração 131

Mercado de carbono 31, 118

Mercado de crédito de carbono 37

Mercado de negociação de carbono 28

Mercado regulado 33, 35, 115
  interoperabilidade 115

Mercado regulado de carbono no Brasil 103

Mercado voluntário 33, 115, 131
  interoperabilidade 115

Metano 1

Metodologias 131

Mudanças climáticas 1, 3
  impactos na saúde 9

Mudanças Climáticas do Painel Intergovernamental sobre Mudanças Climáticas 6

N

Negociações climáticas XXXI

Net zero 12, 121

Norma jurídica 60
  incentivos 60
  negativa (proibição) 61
  positiva (comando) 61
  sanções 60

Northern Lights 123

O

Objetivos de Desenvolvimento Sustentável 19

Operador 132
Orçamento de Carbono Global 28
Organização Meteorológica Mundial 7
Organização Mundial de Saúde 8
Organização Mundial do Comércio 20, 81
Organizações não governamentais 33
Óxido nitroso 1
Ozônio 1

P

Pagamento por Serviços Ambientais 46
Painel Intergovernamental sobre Mudanças Climáticas 17, 131
Pantanal XXIX, 40
Pecuária 3
Perfluorcarbonetos 1
Período de compromisso 132
Petrobras 123
Plano de monitoramento 132
Plantio direto 39
Plataformas de negociação 32
Poder Executivo 60
Poder Judiciário 60
Poder Legislativo 60
Política Nacional de Meio Ambiente 65
Política Nacional de Resíduos Sólidos 71, 83
Política Nacional do Meio Ambiente 65, 82
Política Nacional sobre Mudança do Clima 71, 83, 104, 107
Poluição atmosférica 8

Ponto de não retorno 14
Povos e comunidades tradicionais 132
Povos indígenas 132
Prejuízo por extremos climáticos XXX
Pré-Revolução Industrial 12
Procedimentos burocráticos de regularização da propriedade 72
Produto Interno Bruto 8
Programa das Nações Unidas sobre o Meio Ambiente 17
Programa de Apoio à Conservação Ambiental 84
Programas estatais "REDD+ abordagem de não mercado" 132
Programas jurisdicionais "REDD+ abordagem de mercado" 132
Projeto de Lei n. 182/2024 103
Projetos de carbono 38
    captura e armazenamento de carbono 39
    carbono no solo 39
    eficiência energética 39
    energia renovável 38
    manejo de resíduos 39
    projetos florestais 38
Projetos florestais 38
    conservação 38
    manejo sustentável 38
    reflorestamento 38
Projetos privados de crédito de carbono 133
Projetos públicos de créditos de carbono 133
Proteção e recuperação de oceanos e manguezais 53

Protocolo de Quioto 16, 19, 31

Q
Queda do Muro de Berlim 81

R
Ranking das pessoas com boas práticas
ambientais 76
criação de lista 76
REDD+ 133
REDD Carbonflor 43
REDD Pantanal 45
Redução das emissões de gases de
efeito estufa 133
Redução do encargo tributário 70
*Reducing Emissions from Deforestation
and Forest Degradation* 38
Reduções de emissões 31
Reflorestamento e restauração 53
Regime de incentivos 67
re.green 52
Relato 131
Remoção de gases de efeito estufa
134
Reputação 124
Reserva Legal 41
Reservas Votorantim 50, 55
Responsabilidade corporativa, social
e ambiental 33
Reversão de remoções 134
Revolução Industrial 2, 6
Rotação de culturas 39

S
Sanção positiva 67
Sanções negativas 65
Science Based Targets 34
Science-based Targets initiative 121

Serasa Experian 76
Serviço de Mudanças Climáticas
Copernicus 12
Serviço de Proteção ao Crédito 76
Serviços ambientais 134
Serviços culturais 134
Serviços ecossistêmicos 134
Setores intensivos 27
Sistema Brasileiro de Comércio
de Emissões de Gases de Efeito
Estufa 103
estrutura 112
implementação 112
Sistema de Comércio de Emissões
113
Sistema de Estimativas de Emissões
de Gases do Efeito Estufa 3
Social Carbon 32
Sociedade civil 33
Stakeholders 34, 39
Sustentabilidade 25

T
The Global Risks Report 2024
XXIX
The Nature Conservancy 3
Tonelada de dióxido de carbono
equivalente 134
Tonelada de gás carbônico
equivalente 111
Toneladas de dióxido de carbono
equivalente XXXII
Trade 108
Transferência internacional de
resultados de mitigação 134
Transparência 27, 34, 124
Transporte 3
Tratamento de águas residuais 39

Índice remissivo

Tratamento dos resíduos sólidos 3
Trifluoreto de nitrogênio 1, 2

V
Valor mobiliário 109
Vazamento de emissões 135
Veganos 15
Vegetação XXXIII

conservação XXXIII
Verificação 131
Verra 32
Voluntary Carbon Markets Integrity
Initiative 34, 120

Z
Zero emissões líquidas 15